禅 两刃相交

林谷芳◎著

漓江出版社

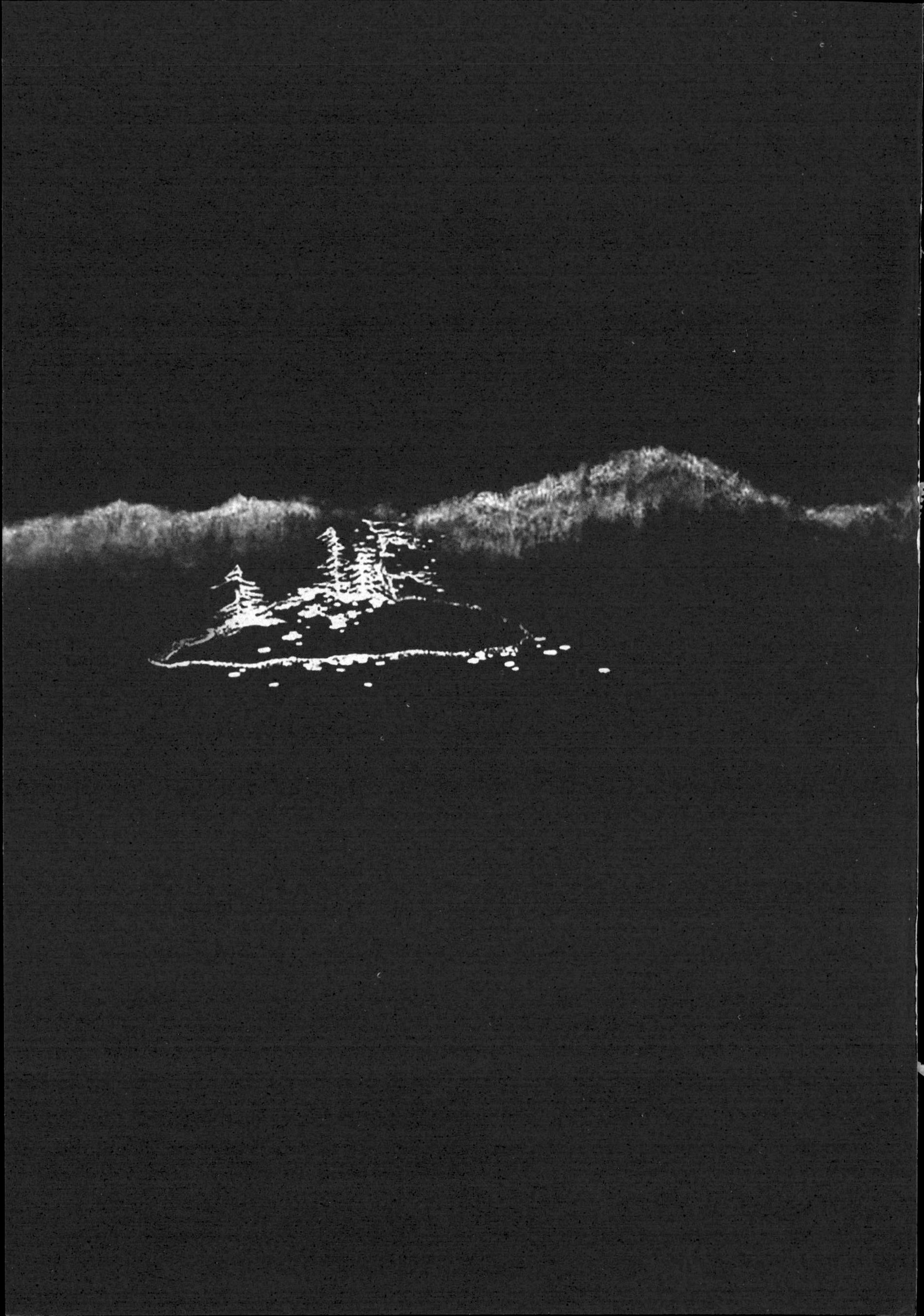

禅

两刃相交

目录

禅

两刃相交

第三部·修证 / 048

第四部·勘验 / 088

目

录

自序

禅为剑刃上事

有这么一则流传在武坛的故事：

20世纪80年代初，大陆的武术影带刚到台湾，武者的动作都漂亮至极，直达人类体能的极限，许多学子看后顿生萧索，以为离此既远，再练亦属枉然，于是他们拿了影带去找刘师爷——刘云樵，他是蒋家两代侍卫的武术教练，八极、八卦的高手，二十岁就被称为“河北小霸王”！结果刘云樵看后，只回了淡淡的一句话：

“能打吗？”

可就这一句，却拨云见日，返转乾坤，生杀同时，论者无言，大家又回去练武了。

关键何在呢？其实，刘师爷只不过是让弟子们再次回到了武术的原点罢了！

的确，武术可以令人美、令人健，但美能从舞蹈得，健身更有许多的法子，它们都非武术存在的原义。武术存在说穿了只有一个目的：御敌。

再好看的武术、再炫人的招式，离乎此，就只是唬人欺己的花招，道理简单，但看得透，且敢于看透的又有几人？

正是如此，禅才常以“何谓剑刃上事”提撕[1]学人，要行者莫忘了，禅的存在永远直指那死生大事、根柢烦恼，离乎此，棒喝公案、机锋转语[2]，都只是戏论，更遑论将之视为气质妆扮、生活小品了。

这是修行的基点，不如此，不足以破“以禅为美、以禅为学、以禅为趣”之病；不如此，不能理解二祖慧可在见达磨时已“博览群书、善谈玄理”，却宁可“立雪及膝、断臂求法，但求心安”的心情。

不如此，无以体会德山宣鉴悟道时，为何会将他注《金刚经》的巨著《青龙疏钞》堆于法堂，当场焚毁，并吟出“穷诸玄辩，若一毫置于太虚；竭世枢机，似一滴投于巨壑”的感慨。

不如此，就无法了解当代一位以教华严哲学知名的学者临终前一天，为何要拖着病体去皈依数十年只吃水果，没有受过什么教育，更只要人老实念佛的广钦老和尚的道理。

诚然，禅中自有艺术、自有见地、自有趣味，但只此还不足以言禅，必得在“两刃相交、无所躲闪”之际，才有真实的禅可言，而由此出发，有日也才能证生命的极致风光。

这是一本写给行者的书，尽管并非人人都能如祖师般参去，但每人却都该是自己生命的行者，而若有人能由此书得点虚实之辨，立点杀活之机，也就不枉多此笔墨了！

① 提撕：禅语，拈提是举问答、行仪或事务之眼示人，正如诗词欣赏上举作品之诗眼般。提撕，则更有借缘破迷及锻炼之义。

② 机锋转语：机锋指禅家以言语或行仪直刺学人盲点，转语则指在此之外，更有引人向上一转的禅问答。

第一部 本分

修行是面对生命根柢的困境，是化抽象哲理为具体的证悟，行者只能如实，容不得一丝虚矫与妆点，若有放浪，就将丧身失命。

一 犹有这个在

我执不只是俱生，
无明不只是无始，
它出没的微细才真令人难防。

唐初禅门法系有金陵牛头山一脉，自四祖道信旁出，第一世为法融[①]，他与道信间有个知名的问答在：

法融隐于牛头山幽栖寺北岩石室时，有百鸟衔花之异，他见人不起，亦不合掌，人称懒融，毫无造作，融于大化，因此能友虎豹而侣龙蛇；所以当四祖来访，欲栖庵堂时，法融领四祖所见的，竟就是“绕庵唯见虎狼之类”的景象。四祖当时看了，“举两手作怖势”，法融于是提醒四祖，他“犹有这个在”，意思是你毕竟还有个“我”，才会对虎狼之类怖畏。但少顷，四祖却在法融宴坐的石头上写了一个“佛”字，“师睹之竦然”，这时，四祖的机锋方出：你也“犹有这个在”！

禅讲无别，因此得涤荡一切执著，就此，法融自有修行，他不仅能在人我贵贱间不起分别，甚且与虫蛇鸟兽也彼此相安，所以见到了四祖对虎狼仍有怖畏，不免有种自得。然而，待得四祖在他一向宴坐的石头书上“佛”字时，那凡圣、净秽集于一处的反差，却仍逼得他竦然。当然，也只有这时，这个看似无为的道人才听得下四祖那句外表如鹦鹉学舌，却关联向上一路[②]的棒喝。

其实，这问答不仅拈提出了那我执易破、法执难遣的问题，更点出了人心的幽微：我执不只是俱生[③]，无明不只是无始，它出没的微细才真令人难防。也所以禅讲修行要“二六时中，不离这个”，因为不如此，妄心就有隙可乘，行者就只能在有漏世界[④]中浮沉。

这种对人心幽微的观照，正是道人与凡夫最主要的差别所在。许多人总以为行者生命境界必较常人超越、洒脱，其实不然。道人往往因为现实上有难以超越的困惑才思解脱，即或不然，那些世法无碍却仍修行的，也多因较一般人更敏感地观照到那无明的无所不在。坦白说，这点“自知之明”，才是道人之所以为道人的根本。

的确，人贵自知，但自知又何其难也！一般人所谓的自知，常不过是对自我作为的一种合理化解释，根本谈不上那起心动念间对无明幽微的观照；也所以，禅家总将学人逼至意识心所无法作用的绝地，使其能“悬崖撒手”，如此，才谈得上“绝后再苏”。

一则则禅门的公案语录、机锋问答，照见的正是这环，但若只从此处入手，恐怕还是被动了，真正的行者就在可以主动地将自己逼至绝处，“不予自己以任何可乘之机”，如此，修行才能像以刃破竹般，节节穿透。

日人小山胜清在他所写的《是后之宫本武藏》一书中，曾经以此契入武藏的修行世界，认为武藏之所以选择剑道修行，正因“生命的本身就拥有利剑，但却紧紧地被裹在甲胄之中”。而要“解除那些甲胄，非使生命的实况暴露不可”。这个暴露，在武藏则是借由两刃相交而得的。毕竟，在与人对决时，行者除了手中的一剑之外，平日所引为妆点的名位、学识、权力乃至人间眷恋的情感，都只能成为无以让己脱困的戏论。

“习禅如剑刃上行，冰棱上走，稍有放浪，即丧身失命”，这句话，正是要由此契入的！

① 法融（594—657）：隋唐间人，于南京牛头山幽栖寺修行，世称牛头法融。所创牛头宗独立于南北二宗之外，着眼空寂，于禅门初期颇盛。未遇四祖道信前，有百鸟衔花供养之异，及悟道后，遂无，禅门因有“百鸟何故不衔花”之公案，历代就此拈提者众。

② 向上一路：禅门有“向上一路，千圣不传”之语，向上一路意谓翻转生命之悟，千圣不传意指只能自悟，非有为法能得。

③ 俱生我执：意指生命对自身之执著是与生俱来者，故看事用人、起心动念皆为我所限。

④ 有漏世界：生命因执迷，遂于死生轮转不止，未得圆满，即为有漏。

二　解得与行得

只有能帮你领受境界现前考验的，才够资格称得上生命的学问，否则就只能是画饼充饥……

今人方东美为博学硕儒，尤擅铺衍华严哲学，四方景从，受教者众，但临终前却留下了一件引致弟子完全不同解读的事：他皈依了广钦和尚①。

皈依是信众寻常事，有人逢僧便拜，见道场就皈依，但发生在方氏身上则不同。一来他是佛学大家，要皈依早皈依了，何必留待今日？二来若真须皈依，就应找个同为通于内外、深入经论的师父，哪轮得到不曾受过什么正规教育的广钦和尚！

就因如此，事情在学生辈中乃有了完全不同的解读，不少人——尤其是站在治学本位的，总觉得是不肖弟子因自己的信仰，才让当时已如风中之烛的老师不得不前去皈依，而方氏本具大人之量，当时又无气力论及其他，于是就让这件颠倒学问伦理，乃至反智的事情发生了。

然而，不同的说法则是：这个举动是方氏主动要求的，弟子只是执行师命而已。

两边的说法截然不同，其间还导致了相互的批评。诚然，事情的真相恐怕永远是个谜，但我们在看待此事时，是否也仅能止于各说各话的层次？

其实，这事就如同公案般，有着映现生命境界的如实意义：

“生死事大，无常迅速”，人人会谈，可绝大多数的人却仍被世间的葛藤所缠，且这葛藤并不只来自那功名利禄、贪嗔痴慢，因为对有反省力、有道心的人来说，警觉这些还算容易。真让人难以自拔的，反而是那些世俗所谓正面的成就。而其间，学问就是道极难跨越的关卡。因为在此，有理念、有逻辑、有系统，每个层次都裹着动人的外衣，深入其间者自然为它的完整性、结构性、正当性所迷，往往入乎其内后，就未能出乎其外。因此，学者虽饱读群书，善为议论，却难免于党同伐异、言高于行之限，能看到自己“所知障[2]”者，在百千人中常不得其一。

诚然，学问对世间种种之裨益固大矣哉，但回到了自身生命处境的应对，尤其是死生这一大事时，却就注定了它的无力。一个饱受“无常到来，死往何去”困扰的学者在临终前，当更能感受这种反差的存在——尤其自己所讲授的固是“事事无碍”的华严，却同样无以面对那四大分离之苦，这种反差正足以使一个大学者做出外人无法理解的决定：去皈依一个不擅讲经说法，数十年来一日只吃一点水果，总教人老实念佛的和尚。

这里映现着学者与行者的根本不同，对行者来说，只有能帮你领受境界现前考验的，才够资格称得上生命的学问，否则就只能是画饼充饥，乃至让人更无法如实照见自我的戏论，而修行从这角度来说，也必是个“化抽象哲理为具体证悟”之事。

唐代诗人白居易曾问鸟窠禅师③佛法大意，师曰：“诸恶莫作，众善奉行”；乐天以为“三岁孩儿也解道”，鸟窠却答以“三岁孩儿虽道得，八十老翁行不得”。坦白说，这看似老生常谈之语，却永远可为口头禅、文字禅者戒。而在言道者多、入道者少的当代，这点如实，恐怕更是向道者最大的考验。

① 广钦和尚（1892—1986）：福建惠安人，三十五岁出家，在清源山碧霄岩穴居十一载，常坐不卧，一心念佛。五十五岁渡台创建承天寺，广传佛法。长时入定，不吃熟食，仅以少数水果维生，人称“水果师”。总教人一心念佛，信徒众多，是台湾佛教四大道场兴起前徒众最广的道人。

② 所知障：佛家有“二障”之说。烦恼障因我执而生，由执著我而生烦恼；所知障由法执而生，因执于法而生障碍，此于喜以理论事之知识分子尤甚。

③ 鸟窠禅师（741—824）：唐僧人，本号道林，因喜于松上坐禅，人称“鸟窠禅师”，白居易由此与其另有问答。问曰：“禅师住处甚危险。”师曰：“太守危险尤甚！”白曰：“弟子位镇江山，何险之有！”师曰：“薪火相交，识性不停，得非险乎？”

三

你点的是哪个心？

《金刚经》道：

「过去心不可得，

现在心不可得，

未来心不可得。」——

未审上座点哪个心？

修行讲信、解、行、证[1]，读书人喜知解、善议论，在解行间常未能相应，就此，德山宣鉴[2]的故事正可为相关者戒：

德山出家后，精究律藏，于性相诸经，贯通旨趣，且常讲《金刚般若》，因俗家姓周，人称“周金刚”。他尝谓同学曰：“一毛吞海，海性无亏。纤芥投锋，锋利不动。学与无学，唯我知焉。”后来听说南方禅席颇盛，以为“出家儿千劫学佛威仪，万劫学佛细行，不得成佛。南方魔子敢言直指人心，见性成佛，我当搂其窟穴，灭其种类，以报佛恩”。于是就担着自己注疏《金刚经》的《青龙疏钞》，从四川出发。一日到了澧阳，见到一个老太婆在卖饼，想停歇买饼，不料这个老太婆是会家子，看到了德山挑一担书，洋洋得意，乃先来个引蛇出洞，问德山所担何物，注解何经；待德山回道是注解《金刚经》的《青龙疏钞》时，婆子竟就直捣黄龙：

我有一问，你若答得，施与点心。若答不得，且别处去。《金刚经》道："过去心不可得，现在心不可得，未来心不可得。"未审上座点哪个心？

德山被这一问，何止语塞！只能怀着被捂住嘴的心情去见龙潭，之后"一夕倚次立，潭曰：'更深何不下去？'师珍重便出。却回曰：'外面黑。'潭点烛度与师，师拟接，潭复吹灭"。德山就在此时大悟。

次日，当龙潭要公开印可他的同时，德山将疏钞堆于法堂前，举火炬曰："穷诸玄辩，若一毫置于太虚：竭世枢机，似一滴投于巨壑。"竟将《青龙疏钞》当场焚毁。而后世与"临济喝[3]"齐名的"德山棒"乃于焉成形。

诚然，德山的悟道是在龙潭，但没有婆子那一问，断其思虑议论，龙潭的教学恐也难为功，而后人即使再来体会婆子的那一问，依然也只能如德山般语塞。因为在这里，语言本身已离开了人的经验，成为一个独立存在的概念系统，所以婆子的点心与《金刚经》所指的心，此时竟就"自然"地缠绕在一起。到此，人如果不能回头反观，乃至快刀斩乱麻地将其割舍，就只能愈陷愈深。

禅讲不立文字，除因文字与实证有隔外，也由于文字的逻辑与美感会让行者迷恋，只不过，不立文字的禅因为要将应机的问答、祖师的行仪写下以便后人参证，却反而留下了最多的文字；而这文字既有电光石火的机锋，又有超越理路的应答，就形成了禅宗语言的独特魅力，后世禅子在此丧身失命者乃不知凡几。

语言的假相幽微，常须等到境界现前时才能打破，就此，苏东坡与佛印的一则故事虽不如德山的妙，却更点出了我们的盲点：东坡一日自以为悟境大增，写了一句“八风吹不动，端坐紫金莲”，遣仆从送给佛印。佛印看了后，只回书一句“放屁”。东坡怒不可遏，乃渡江到金山寺找佛印算账，想不到未入寺院，在山门前，佛印只回了一句“八风吹不动，一屁打过江”，就把他的气都给馁了。这个故事许多人虽都听过，但回过头能警觉自己也迷失在那动人禅语中的，恐怕很少，行者能不慎哉！

① 信、解、行、证：佛法言“信为能入，智为能度”，所以必信解并重，行是依法修行，证则是亲证法所示之生命境地。

② 德山宣鉴（782—865）：以棒打为接引手段的唐初著名禅僧，曾示众曰：“道得也三十棒，道不得也三十棒。”盖断人思量。多有禅语传世，但自谓“我宗无语句，实无一法与人”。

③ 临济喝：临济义玄禅风刚烈迅猛，常以“喝”接引学众，自谓“有时一喝如金刚王宝剑，有时一喝如踞地金毛师子，有时一喝如探竿影草，有时一喝不作一喝用”。其喝与德山棒并称，后世棒喝一语即出自此，所创临济宗在中日皆为禅风最盛之宗派。

四 东壁打倒西壁

稍有道心者固知凡心要舍，
但面对具有高度价值的事物就难抖落，
而其中最难的，
或者还在那自以为神圣的成就吧！

修行乃超凡入圣之事，但禅还得向上一着，将圣打破，超圣回凡，如此方能凡圣两忘。只不过，虽说“魔来魔斩，佛来佛斩”，但毕竟降魔好谈，去圣难得；所以过去藏密才有“疯癫行”的修持：高僧上师在退位后，游于他乡，现头陀行[①]，让本来受人礼拜的生活，转为随缘托钵，乃至为人贱视的日子，借此检视自己是否仍依恋圣位。的确，所谓“顺逆一如，打成一片[②]”，哪里是一般人所想象的那么容易！

日本的云溪桃水[③]就是依此体践的一位行者，他住持的禅院因吸引太多学人，使他只能选择辞去教席，并要门徒各奔前程，而他随后也不知所踪。

几年后，其门徒琛州在京都的一座桥下发现了与乞者一起过活的桃水，他恳求老师给他开示，桃水的答案很简单：

“你如果能像我这样子过上个两三天，也许我可以教你。”

琛州照做了，与桃水过了一天乞者的生活。第二天，乞丐群中恰好死了一个人，桃水要琛州与他在午夜时分将尸体搬至山边埋葬，事完之后，回到桥下，桃水倒身就睡，而琛州则始终未能成眠。不过，更让人难受的还在后头，天亮后，桃水竟对琛州说：“我们今天不必出外乞食了，就吃那位死了的伙伴所留下的食物吧！”当然，琛州是一口也吞不下了，于是最后他只能黯然（或庆幸）地离开了桃水。

出家之为乞士正是如此，因为稍有道心者固知凡心要舍，但面对具有高度价值的事物就难以抖落，而其中最难的，或者更在那自以为神圣的成就吧！要到这里，割舍才真见工夫[4]。也因如此，禅行仪中总有那么多绝圣弃智的映现，毕竟，超凡入圣人人会讲，佛来佛斩却端赖宗门拈提。而若能识得此，许多大家耳熟能详的故事也就有了更深的意义。

济颠[5]的事迹正可以如此来看，法号道济的他佯狂问世，后世人尤喜引他许多怪诞破戒的行为，来支撑“酒肉穿肠过，佛自在心头”的论点，于是说者乃可以潇洒游于红尘，诸多不忌，自命达人。

然而，若回到了那佛来佛斩的原点，则道济所要破的恐怕并不只是那外塑的“戒法”，更在那信众面对圣者所作所为都以胜义解的习气，一个行者处在这种氛围里，常就“瞒切自家眼目”。

道济辞世时曾留有一诗：“六十年来狼藉，东壁打倒西壁；如今收拾归来，依旧水连天碧。”这里的狼藉与其说是修行辛苦未能得力，不如看成是打破章法与惯性的一种工夫，所谓随立随破，随破随立，不落两端，乃能彻见那水连天碧的本地风光。

诚然，只要能佛自在心头，何妨酒肉穿肠过，但行者如果在此还有一点这样才较高的念头，就又陷入了另一个凡圣的执著。道济的水连天碧，原指那最如实的“饥来吃饭困来眠”，只是，对圣凡两隔的生命却又是何等的不容易啊！

① 头陀行：头陀，梵语原意为抖擞精神，头陀即行苦行，有十二种，对衣、食、住等弃其贪著，是知足寡欲、严持禁戒、系心于道、勤苦修行的行门。头陀行即直指含光混世、行脚乞食。

② 打成一片：禅语，指去除一切二元对立观念，入于一如之境。

③ 云溪桃水（1613—1683）：日本德川幕府时禅僧，出自曹洞门下，却反对宗派固定化。作为宗教自由人，他不仅不拘宗派师承，且净秽一如，乞食修行，曾有诗歌自云：“如是生涯如是宽，敝衣破碗也闲闲；饥餐渴饮只吾识，世上是非总不干。”

④ 工夫：禅家语，做工夫，意指修行绵密不断，既使学人能臻悟境，亦让所悟境界能坚固不退。

⑤ 济颠（1150—1209）：灵隐道济，宋临济宗扬歧派禅僧，得法后，放旷不羁，言行叵测，淫坊酒肆，不避讥嫌，时号济颠。其神异事迹，广泛流传于民间，曾有颂云：“看不着，错认笊篱是木勺。昨夜三更月正西，麒麟撼断黄金索。”或可为其一生注脚。

五 赵州八十犹行脚

人人都有罩门，
只不过行者对自己的罩门更清楚罢了！
佛语所谓「菩萨畏因，众生畏果」，
正可以如此解。

许多人惯于将行者的种种作胜义解，总认为他们处处高于常人，其实不然，行者之所以选择行者生涯，毋宁是自觉生命有更迫切的事要做；换句话说，是因为清楚知道自己哪里不行，才会选择超越之道。

的确，人人都有罩门，只不过行者对自己的罩门更清楚罢了！佛语所谓“菩萨畏因，众生畏果”，正可以如此解。菩萨与众生的生命层次在因地原本没啥不同，只是菩萨警觉到自己的盲点所在，“危邦不入，乱邦不居”，避免了颠倒梦想，乃能开展生命；而众生不然，往往自以为是，意必固我，贡高我慢，遂由小患而大病，终臻于生死轮转、无以自拔之地。

也即如此，行者最大的挑战乃在自己，如果无法在此了了分明，一切的功德福报必然迅速漏失。只是，了解自己却是世上最难之事，从生死轮回讲，这牵涉俱生我执的打破，就世事观察言，一句“千穿万穿，马屁不穿”也点明了这个事实。

面对自己要能了了分明，关键就在随时观照，不过，人只要活在惯性中，观照就不容易兴起；只有境界现前，生命的如实才容易得见，而对佛家“三衣一钵，夜不二宿”[①]的生涯，也正该由此契入。

行脚参访原为降伏我慢、专心办道，但这种环境的转换，更使行者必得时时面对境界现前，不同的状况冲击着生命不同的盲点，而盲点的隐微却往往为行者所不知，所谓“疾风知劲草，板荡识忠臣”，放在修行也一样适用。

以这样的心情来体会“赵州八十犹行脚”的老话，感受自然就大为不同。赵州从谂是禅门龙象，以“赵州无”“赵州茶”著称于世，谈禅门修行、宗门公案都少不了他；他世寿一百二十，到了八十岁还四处行脚，若问为何，当然不在游山玩水，而是如此才能使境界现前。

没有境界现前，人就容易自我欺瞒，许多人未悟言悟，语下猖狂，正是状况未到！更何况，悟有大悟小悟，甚至许多名之为悟的东西，换个字眼也只是对事物“有省”而已，这种经验并不具备翻转生命的能量，但行者却常将这已化成遥远、美丽、模糊回忆的经验，当成眼下尚能以心转物的能量，状况一来，只好丢盔弃甲。

为免悟与有省就此过去，行者还得保任含养，但保任含养并不仅止于类如闭关之途，闭关是让生命经验更为纯化，缺点则在环境单一，无以验证，因此关后更须面对外界的洗炼，而如果能两者合一，工夫的纯熟自然可期。

《六祖坛经》写到五祖付法后，“惠能后至曹溪，又被恶人寻逐，乃于四会，避难猎人队中，凡经一十五载，时与猎人随宜说法。猎人常令守网，每见生命，尽放之”，这段经历往往为后人忽略，其实，在避难之外，这与一般行者生涯有极大反差的猎人生活，正是对六祖最大的考验，而他一来含藏温养，二来又让境界现前，真正的工夫到此恐怕才是关键。

从“赵州八十犹行脚”到“隐于猎者十余载”，谈祖师行仪，有心者可不要在此轻忽了！

① 三衣一钵，夜不二宿：三衣一钵系僧人随身携带之物。三衣指僧团允许个人拥有的三种衣物：正式衣、行礼衣及贴身衣物，钵为化缘之钵器。夜不二宿指行脚僧不可于一地连宿二晚，免生依恋之心。

六

生命中最大的如实

如实面对，
是面对自己的盲点执著，
面对自身的心理幽微，
面对生命可能的托词逃避。

祖师行仪是行者修行的重要资粮，而禅最精彩的既是唐、五代的那段日子，因此，谈禅的公案语录、机锋行持就离不开马祖道一、黄檗希运、百丈怀海、南泉普愿、丹霞天然、赵州从谂、德山宣鉴、临济义玄等宗匠，在他们身上，扬眉瞬目、举手投足，尽是文章，每人皆有截断众流的气魄，即使不实际参禅者，面对他们也必然会有“虽不能之，心向往之”的欣羡。

后世禅门衰微，与这点气魄的消逝有关。不过，谈气魄不如谈如实，因为禅也有“绵绵密密、老婆心切”的一面，而他们的共同点，则都在体践“生命最大的如实正在如实面对”。

如实面对，是面对自己的盲点执着，面对自身的心理幽微，面对生命可能的托词逃避。相较之下，所谓解脱对禅者而言，往往还没有这如实面对的实在，因为如实是可以当下把握的，解脱却还得经由一定的过程。

然而，即使只谈这如实面对，我们也多在唐五代的巨匠行仪上转，主要原因是后世的禅多流为狂禅、文字禅、口头禅，原本最如实的法门却容纳了最多的遁逃心灵；此外，在“言道者多，证道者少”的后世，有些行者也宁可择取更隐微的身份来修行，以致“没世而名不彰”。

就如此，如实的行者故事当今乃愈为难得，不过，它之所以稀少，有时也因我们对真假的判准能力太差，毕竟，在此若未能有得，尽谈古人也难免是种虚无。

好在眼前就有一位这样如实的修行人：

现代禅是成立于20世纪80年代末的新兴教团，佛教界或研究新兴宗教者对它的褒贬不一，但创立者李元松却是眼前难得一见的如实行者。刚圆寂的他，前些日子为自己过去所声称的悟道体验，向佛教界发出了一则公开忏悔的启事：

“凡夫我由于生了一场病，9月下旬方觉过去的工夫使用不上，从而生起疑情[①]：过去所谓的‘悟道’应只是自己的增上慢，我为往昔创立的现代禅在部分知见上不纯正一事深感惭愧，将向诸佛菩萨、护法龙天、十方善知识、善男子、善女人至诚忏悔。我今至心发愿往生弥陀净土，唯有‘南无阿弥陀佛’是我生命中的依靠。”这则故事出现在一位教团创办人或法门创始者身上实属不易，不仅谈得彻底，更公开表白。在此，有心者固然还可进一步探问主人翁所谓工夫使用不上，是想用工夫直接治好病，还是让病无染于心？因为这关系到对禅的彻底实践，毕竟，随顺因缘、直心承当才是禅的立场，不过，即便是想以之治病，能如此忏悔表白，也仍称得上是地道的禅者，尽管此时“唯有南无阿弥陀佛”才是他生命中的依靠。

人常说要“老实修行”，但比老实更进一步的是如实，毕竟，老实是纯一净性，而如实则必须建基在观照之下。它要你能彻底面对自己的生命境界，习禅，也只有如此才有悟道的可能。

① 疑情：禅语，于公案、话头中起疑情，意谓学人虽未解公案、话头，但觉此公案、话头内藏讯息，且念兹在心、不解不快之状态，而悟即在此疑情中破茧而出，所谓大疑大悟、小疑小悟、不疑不悟，正此之谓。但此处疑情可迳作字面解。

七 有感于死生

死生无常不见得就以
一种巨大的恐怖之姿催逼学人，
更多时候，
它系如影随形般地
渗透于行者的起心动念、
行住坐卧中……

世人习禅，目的不同，有为强身者，有企求心灵平静者，有想借之开发人体潜能者，动机皆不可谓不善，却都无益于习禅之恒久，盖因其他法门仍可应对这些需要，找对了更就立竿见影。例如：强身可以由运动得，身心平衡练练瑜伽也许更好，而开发功能，别说密教的下三部密法[1]，就一般神棍乩童有时也有两把刷子，这些都不像参禅打坐，往往十年八载还看不太出工夫来。不过，谁要如此就说习禅无益于这些的增益，也属外行，只是习禅就如筑基培本般，绵绵密密，好处不容易马上体会，于是想在这里得益者，常一年半载就退转了。

行者习禅只能有一个目的：“了生死”，也只有在死生无常的催逼下，才能锲而不舍、用尽工夫，这是宗教心的根源，缺了这，就不能称之为行者。本来，“未知生，焉知死”是世间的逻辑，“未知死，焉知生”则是出世间的逻辑，佛法固然不离世间觉，但没有出世间的追求及实证，世间的一切就只是个迷障。也所以，清末民初的净土十三祖印光法师②才会在自己的禅房壁上，写个大大的“死”字，日日提撕。

有了死生的催逼，行者的作为自然与常人不同，一般人所谓的苦行，在行者身上就不尽然真是苦行，毕竟，只有专心办道，行者的心才能安然，所以，历代祖师乃多有一段“寒彻骨”的因缘：

四祖道信“既嗣祖风，摄心无寐，胁不至席者，仅六十年”。

静琳禅师“弃讲习禅。昏睡惑心，有悬崖，下望千仞，旁出一树，以草藉之，趺坐其上，一心系念，动经宵日，怖死既重，专精不二，后遂超悟”。

喆侍者“睡以圆木为枕，小睡，则枕转，觉而复起，率以为常。或谓用心太过，答云：我于般若缘分素薄，若不如此，恐为妄习所穿”。

佛灯珣禅师“依佛鉴，随缘咨请，邈无所入，叹曰：‘此生若不彻证，誓不展被。’于是四十九日，只靠露柱立地，如丧考妣，乃得大悟”。

这些在旁人看来是非常之事，在行者身上却常为理所当然，而也只有契入此，二祖③立雪及膝，断臂求法，弘一④冠盖京华、毅然转身的行仪，才有得解。所谓“不是一番寒彻骨，争得梅花扑鼻香”，并不只在劝人要努力，“行者缘何会如此努力”才更是领略这句话的关键。

当然，死生无常不见得就以一种巨大的恐怖之姿催逼学人，更多时候，它系如影随形地渗透于行者的起心动念、行住坐卧中，行者稍有所得后所以仍不致妄自尊大、招摇欺世，就与这不即不离的催逼有关，因为，任何事既都须汇归于死生的原点来观照，则不要说聚众授徒、俨然宗师，即连闲坐论道、畅言心性，也属无谓之举。

诚然，修行如调弦，过紧会断，太强的死生催逼虽易引发炽热的向道心，但也常导致修持的退转，而恒常之修行则往往缘自那不即不离的无常感受，所谓道心，说穿了也就在这“有感于死生”的观照。

① 下三部密法：即事部、行部、瑜伽部，相传由印度龙树菩萨所传，唐时至中国，再东传为“东密”。此为藏密观点的称呼，以之与无上部密法对称，意谓多作有为之相应，而非直指成佛之大道。

② 印光法师（1862—1940）：近代高僧，行持刻苦严厉，行事坚守“不当住持，不收徒众，不登大座”之原则，景从者众，于弘一影响亦深。

③ 二祖：禅宗二祖慧可（487—593），南北朝僧人，他立雪及膝、断臂求法，与初祖达磨当时的问答，直指行者根柢之疑虑及禅门本来无一物的解脱之道。可曰：“诸佛法印，可得闻乎？”祖曰：“诸佛法印，匪从人得。”可曰：“我心未宁，乞师与安。”祖曰：“将心来，与汝安。”可良久曰：“觅心了不可得。”祖曰：“我与汝安心竟。”

④ 弘一（1880—1942）：近代高僧，俗名李叔同，初以文艺才华见称士林，出家后却专弘严持戒法之律宗，其道俗间之反差，成就世出世间一段传奇。出家后，艺事尽舍，仅以书法度众，其书繁华落尽，不染一尘。

八 代我礼拜他

就法而言，许即许，不许即不许，不可拿佛法当人情，就人来说，人既有道，不管出身为何，即可为师。

读《六祖坛经》，除了那关联南顿北渐[1]的“菩提本非树”偈语外，“风幡之争”也是大家常提的公案：

（六祖）一日思惟“时当弘法，不可终遁”，遂出至广州法性寺：值印宗法师讲《涅槃经》。时有风吹幡动，一僧曰“风动”，一僧曰“幡动”，议论不已。惠能进曰：“不是风动，不是幡动，仁者心动。”一众骇然。

这公案标举出禅门“以心为宗”的基点，也能引发缘起的观照，原非在一般思虑心理解下的心动所能完全参透，作为公案探索自属恰当；而即使仅在一般意义下作唯心解释，也能让执于物象者清凉，所以常为人津津乐道。只是，因这风幡之争所引发的后续因缘，却就被大家忽略了：

印宗延至上席，征诘奥义，见惠能言简理当，不由文字，宗云："行者定非常人！久闻黄梅衣法南来，莫是行者否？"

因这一问，惠能乃为印宗谈了"但论见性，不论禅定解脱"的不二之法，于是："印宗闻说，欢喜合掌，言：'某甲讲经，犹如瓦砾；行者论义，犹如真金。'于是为惠能剃发，愿事为师。惠能遂于菩提树下开东山法门。"

这是惠能初次登坛说法的因缘，核心固在风幡之争的悟见，缘起却必得有赖印宗这个"愿事为师"的举动，而这看似容易之举，对行者又何其难也！

人之患在好为人师，一旦为人师后能纳采弟子之言已属不易，要率众再反拜为师尤难，何况法师的角色原有其神圣性，所以印宗此举实不简单。但我们看过去的祖师，就往往在此垂示世人，例如：

二祖慧可原为旷达之士，"久居伊洛。博览群书，善谈玄理"，闻达磨住止少林，以为"至人不遥，当造玄境，乃往彼晨夕参承"，而后，为了道，可以"立雪及膝，断臂求法"。

这种例子在释尊时代更不少，三迦叶[②]就领千弟子皈依佛陀，所以说行者在此，只论证不证，有道即为吾师，无道则为末学，必得是"依法不依人"，才不致误尽自己与天下众生。

谈到法与人的关系，自来就有两种看似矛盾的说法，一个是"人能弘道，非道弘人”，一个是“依法不依人”；不过，看似矛盾，其实一体，总要人法合一才行，自人立言是人能弘道，自法立言则要法灯常明。而也就是强调此人法合一，禅一方面固重视法嗣的传承，另方面又特别要求师徒的勘验，且肯定无法嗣但得道的“散圣”的存在。在此，就法而言，许即许，不许即不许，不可拿佛法当人情；就人来说，人既有道，不管出身为何，即可为师。

最近有位好友间接听闻了北京一位近古稀者的佛法见地，深有所感后发出了拈提，而这古稀者在从学生处获知这些拈提后，第一个反应竟是：“回台湾后，代我礼拜他！”坦白说，这种古德之风今已少见，难怪《六祖坛经》中关键的这段也往往被大家忽略。

① 南顿北渐：禅宗自五祖弘忍下，出惠能与神秀二大家，《六祖坛经》记神秀之见地偈为“身是菩提树，心如明镜台；时时勤拂拭，勿使惹尘埃”，惠能则直接为“菩提本无树，明镜亦非台；本来无一物，何处惹尘埃”，强调立时的顿悟，直契一如。后惠能教化南方，神秀以长安为中心弘法北方，故称“南能北秀”或“南顿北渐”，而后世禅宗，主要则为南禅。

② 三迦叶：佛陀时代的三位兄弟：优楼频螺迦叶、那提迦叶、伽耶迦叶，皆为拜火教领袖，后折服于佛陀的神通与智慧，乃率领徒众皈依佛陀。

第二部 气魄

要谈死生的超越，又求世情的利养，人间哪有如此便宜的事!?
禅者要具大开大阖、大破大立的气概，才能有彻底透脱的一天。

一 吾早知，当斫汝胫

其实，也只有真正的如实才能体现真正的气魄。

习禅须如实，所以达磨东来原为寻个不迷的人，但如实之外，更得有气魄，否则就难以承接此“一超直入如来地”的法门。而谈到气魄，黄檗希运[①]的这段故事正可为典型：

黄檗游天台，逢一僧，与之言笑，如旧相识。熟视之，目光射人，乃偕行。属涧水暴涨，乃捐笠植杖而止。其僧率师同渡，师曰：“兄要渡自渡。”彼即褰（音 qiān，撩起）衣蹑波，若履平地，回顾云：“渡来！渡来！”师曰：“咄！这自了汉[②]，吾早知，当斫汝胫。”其僧叹曰：“真大乘法器，为我不及。”言讫，不见。

这则故事依问答之意，当在“自了汉”与“大乘法器”的对比，但只凭这点，恐怕很难重建“现场”。想想，一般见到“褰衣蹑波，若履平地”的人，能不将之视为圣者的又有几希？更多的恐怕早已跪地礼拜，祈祷加持了，可黄檗却视若无睹，还进前一步“早知如此，当斫汝胫”。

黄檗为何能如此呢？有人轻率地以为，依大乘观点，神通原不足恃，所以黄檗的喝斥乃理所当然，但大乘佛子何其多也，理虽人人会讲，真要遇到了，恐怕就不是那么一回事，否则也不致予许多野狐禅可乘之机了。当时的黄檗与许多佛子一样，不能蹑波前进，他的如实当然也使他不是那种泛言神通不足恃的人。以此，这一喝显示的，与其说是以慈悲为本、非自了汉的大乘胸襟，还不如说是那必欲成佛作祖以承担如来慧业的禅家气魄：习禅，原不能在小智小得上计较，否则就丧身失命。

二祖慧可立雪及膝求法时，达磨最先的回答是：“诸佛无上妙道，旷劫精勤，难行能行，非忍而忍，岂以小德小智轻心慢心欲冀真乘，徒劳勤苦。”也就是说，尽管慧可求道虔诚，达磨担心的，却是这行者所求的只是那“祈福去灾”或“神变异行”的有漏功德，因此才又回过头面壁去了，要直待慧可“潜取利刀，自断左臂”之后，因缘才得一转。

所以说，黄檗哪有不首肯那蹑波前进之异行的！他喝斥的原在：你如果这样就满足了，那习道干嘛！对黄檗来说，有这气魄才能习禅，毕竟禅只破不立，要一丝不挂，行者在修行途中若被其他有为法所惑，彻底的抖落就不可能。

同样的道理回到达磨初见梁武帝时，帝问曰：“朕即位以来，造寺写经度僧不可胜记，有何功德？”达磨回以：“并无功德。”这并无功德并非说不须造寺写经度僧，而是若只在造寺写经度僧上转，即无入禅悟道的可能。

也就是有这样成佛作祖的气魄，禅宗才会从黄檗希运这百丈③法嗣下宗风一变，横眉竖目、棒喝交加，让禅体现出生命最痛快淋漓的一面。

禅的气魄当然得与如实合参，不然就成为增上慢④，而其实，也只有真正的如实才能体现真正的气魄。毕竟，人最难的就在面对自己。所以说，达磨东来固是要找个不迷者，但这之前，却也还得先寻个有气魄面对自己之迷，而思一击打破这迷的人。

① 黄檗希运（？一850）：唐禅僧，出家于洪州黄檗山，有《传心法要》传世，举单传一心，更无别法，要众生识取自心见自本性，更莫别求，宗风开阖，临济即出自其门下，常被引用之禅颂“不是一番寒彻骨，争得梅花扑鼻香”即出自《传心法要》。

② 自了汉：指只顾自己修行，未心存救度他人之修行者。佛法根本要义在缘起，万物互为缘起，孤缘不生，只求自了的行者，在此即有违佛法。

③ 百丈（720—814）：百丈怀海，唐禅僧，于百丈山立禅院，制清规，世称“百丈清规”，后世丛林规矩多本于此，以著名的“一日不作，一日不食”，实践农禅生活，而此生活则让禅宗在法难中因自能营生而不致全盘摧折。

④ 增上慢：因修行稍有所得而生起的高傲轻慢之心。

二 不与万法为侣

要生命有根柢的翻转，
就非得痛下决心不可。
既要有生死的超越，
又要求世间的利养，
天下哪有如此便宜的事！？

庞蕴是唐代知名的禅者，后世最津津乐道于他与一双儿女“预知时至，坐脱立亡”的故事，而他参马祖道一[1]的一段问答，也常为人所提及：

庞蕴后参马祖，问曰：“不与万法为侣者是什么人？”祖曰：“待汝一口吸尽西江水，即向汝道。”士于言下顿领玄旨。

就这问答，核心的观照自然是在马祖回答的“内容”上：“一口吸尽西江水”对常人既是不可能之事，马祖的回答正在了断庞蕴那可能的思虑之心。然而，相较于这回答的内容，此公案更令人印象深刻的，恐怕还在问答中用语的突出。

庞蕴问的是："不与万法为侣者是什么人？"单从教义来讲，这是问如何成为觉者、成为佛，但他既标举出不与万法为侣，就多了一些"高高山顶立，深深海底行"的不与俗同的气魄。也因此，马祖只能以"待汝一口吸尽西江水，即向汝道"来回答，毕竟，眼前的人既连与释迦同步都不许，对他来说，一口吸尽西江水，又怎会是完全不可思议的事呢？

这问答很杰出，但并非孤例，唐、五代那禅杰辈出的时代，宗风尽多如此。电光石火外，更夺人眼目的是那禅者特有的气概，坦白说，习禅者若缺乏了这种气概，就鲜有悟道的可能。

谈参禅的气魄，日本的寂室元光和尚[2]曾有这样的拈提："参禅实大丈夫事，身心铁打成一片，你看从前诸佛祖，阿哪个是弄闲情？"所谓打成一片，就是要义无反顾，不能够有苟且之念，才真能"打得凡心死，许汝法身活"。

其实，不只禅如此，要生命有根柢的翻转，就非得痛下决心不可。既要有生死的超越，又要求世间的利养，天下哪有如此便宜的事！？世人习禅，所谓轻心、慢心在此正显露无遗。即便不然，许多行者脚跨数条船，禅、净、密，能用的都一起上，好似在包车船的门票般，结果也只能未得其利，先蒙其弊，样样皆通，样样稀松。

禅由于直取不二，当下无别，宗风上特别标举超凡入圣后的超圣回凡，乃能以最直接的姿态渗入生活、文化、艺术等各个领域中，一般人遂亦乐于谈禅，这是禅的大功用处。但也因此，宋元之后的禅才日益沦为口头禅、文字禅，终至成为文人雅士“啜饮一杯午后香醇咖啡”的事。

佛门诸宗中，禅其实有它最严厉的本质，这严厉不只来自身心必须打成一片，更缘于禅本是绝对的自力法门，在此，自作自受、自悟自领，一分努力、一分得益，无法自欺欺人，不能如此者，就该“慎言禅字”。当有人问北条时敬[3]“禅是什么”时，北条回答：“若有切腹的勇气，就来参禅吧！”这看似极端之语，却永远可为习禅者戒！

① 马祖道一（709—788）：唐禅僧，举“平常心是道”“即心是佛”大弘禅风，问答机锋传世者众，百丈怀海、南泉普愿、西堂智藏等皆出门下，与石头希迁并称二大士，一弘江西，一弘湖南，天下禅子憧憧往来于二大士门下，是为后世“江湖”一语之滥觞。

② 寂室元光和尚（1290—1367）：日禅僧，元时入中国习禅，参于天目山中峰明本，有示众偈云：“个事明明呈示君，不须特地策功勋；风和日暖黄鹂转，春在花梢已十分。”

③ 北条时敬（1858—1929）：教育家、数学家，是予年轻的铃木大拙很深影响的禅者。

三

独坐大雄峰

行者修道首要正在认识自己的禀性究系如何，各人原有不同的相应法门……一旦抉择了就只能义无反顾。

谈到一门深入，至死不悔，并不只在禅门中有，大抵想成佛作祖的，这点人格特质就必须具备。

在日本净土真宗开山祖亲鸾上人[①]由其弟子记述的语录《叹异抄》中，就有这样的一段话：“其实念佛是净土之因，或是堕地狱之业，余总不知，譬如受法然上人[②]之骗，念佛而堕地狱，岂有后悔乎！若仗自力修余行而能成佛之人，为念佛而堕地狱者，乃真实受骗而当后悔。然亲鸾何行亦行不到之侪，地狱是一定之家乡者乎！……总之，愚秃之信心如是。”

这段话令人印象深刻，一是在对念佛之果竟谓不知，二则是不排除系受法然上人之骗，两者在修行中皆构成大不敬之业，如今竟出自一开山立宗者口，怎不使人吃惊！

然而，有心人若细读这段话，当知关键正在于“然亲鸾何行亦行不到之侪，地狱是一定之家乡者乎”。也就是，亲鸾因发觉自己不是可以靠依教修行、参禅打坐等法门而得益者，乃只能“孤注一掷”地投入念佛行列——当然，这里也必然有念佛的身心相应在，而这相应又因“只此一路”的体会，乃愈为真实、愈为深刻。

所以说，行者修道首要正在认识自己的禀性究系如何，各人原有不同的相应法门，因此，过去禅门师徒授受必须“师访徒三年，徒访师三年”，彼此勘验是否契机，一旦抉择了就只能义无反顾。

一门深入对习禅者之所以特别重要，一在禅既要打破思虑心，就必得二六时中常行观照，容不得随意出出入入；另外，禅本是“生命的彻底减法”，只有去之又去，“魔来魔斩，佛来佛斩”，直至禅之一念亦不可得才行，如此，又怎能脚踏数条船呢？

然而，一门深入固多存在于诸宗祖师的人格特质中，禅在此却还更得向上一路，有与佛祖把臂而游的气概，也所以，人问百丈：“如何是奇特事？”百丈乃直接回答：“独坐大雄峰[③]！”而问者欲礼拜，“师便打”。

这样的气魄有缘自行者原先之人格特质者：有人杀活利落，不喜拖泥带水；有人孤朗自照，不喜装神弄鬼，这样的人适合习禅。但气魄也与禅修的方法有关，禅门打坐讲究要：“一旦坐定，须如大地立桩，虽山摇地动，犹不稍改。”所以说，“独坐大雄峰”并不只是个比喻，必得有真实禅坐的气概为基础，才有开悟后与释尊同步的大雄风光可言；而其实，释尊当年在菩提树下坐禅，自誓不得道即不起坐，其坐也，除内在决心外，外在体姿也必然呈现着此种气概。

禅门行仪中，常见师徒棒喝相随，这里有临机的电光石火，有悟后的独坐大雄，但也就在这样的接引中，学者乃能看到前辈大开大阖、大破大立的气魄，熏染所致，自然“虽不中亦不远”。

真正的气魄与世俗的狂禅不同，后者恣意挥洒的背后，却没有如亲鸾这类人“退此一步，即无死所”的实参，尤其缺乏自知之明，因此一旦境界现前，就只能丢盔弃甲，踉跄不堪。

① 亲鸾上人（1173—1262）：日本净土真宗创始人，师事日本净土宗初祖法然上人，更进而开创净土真宗，此宗将念佛之他力推至极致，唯赖弥陀之救赎。

② 法然上人（1133—1212）：日本净土宗初祖，以净土之庶民性，成为日本佛教平民化的第一人。

③ 大雄峰：百丈怀海驻锡之百丈山主峰，坐落于江西新奉县西塔乡境内，大雄又为佛之德号，“独坐大雄峰”一语亦可自此入。

四　路逢剑客须呈剑

习禅如寻剑，
两刃相交之际，
能倚靠者，
唯有自己手中的一剑而已……

修行讲如实。如实是老实参去，有就有，无就无，骗得了别人，骗不了自己；如实更是了解自己，法不相应，再怎么做也属枉然，在这里，最怕人云亦云，最后连个画饼充饥都谈不上。

黄檗门下的首座陈尊宿[1]留有这样的问答：

问："如何是曹溪的的意[2]？"

师曰："老僧爱嗔不爱喜。"

曰："为什么如是？"

师曰：“路逢剑客须呈剑，不是诗人莫献诗。”

人家问的是曹溪，他答的是自己，为什么？两者相应嘛！所以说“老僧爱嗔不爱喜”。禅讲破，只能涤荡，不能心喜，陈尊宿的个性如此，乃能相应于曹溪，但就这点自知之明，却让多少行者受困。

“爱嗔不爱喜”要有本钱，你爱嗔，也得受别人之嗔，学禅不能希求人情、希求关爱，在冷然中体会那最深的如实，也从那最深的如实里体现冷然，如此，这“爱嗔不爱喜”才是真正的破，谈禅的慈悲往往必须在这里体会。自作自受、自领自会，一个禅师就要启发弟子最深的这种感受，有了这种感受，才能一往直前，也所以慧可立雪，达磨还得斥以小智小德，实在是在断其依靠啊！

习禅不能有依靠，何只是悟道后的“不与万法为侣”，在初修时即要有此觉悟，对这样的禅风领略，石溪心月在他的“立雪方丈”诗中写得好：

少室门庭冷似冰，可师曾此一沉吟：
夜阑各自知寒冷，莫待齐腰三尺深。

“少室门庭冷似冰”，是禅子该有的体认，但二祖慧可在此恐怕也疑惑过，或许也得到了那“觅心了不可得”后，他才真正能体会达磨的悲心及自家的本分。

所以说，习禅如寻剑，两刃相交之际，能倚靠者，唯有自己手中的一剑而已，有了这点如实的领受，自然乐于寂寞，而综观世人习禅的异化，不也就在把禅弄得那么攀缘喧闹吗?

其实，陈尊宿以“老僧爱嗔不爱喜”对应曹溪，有人以为他只在谈禅的直下即是，但这嗔喜之间，除了直下即是及陈尊宿生命中属于禅的个性外，不也正提醒着我们，谈曹溪，世人的确都太乐于讲那应缘的风光，却忘了禅修的冷然与独行。

禅的冷然，不是自外于万物的封闭，而是如寒山子所言“石床孤夜坐，圆月上寒山”的孤朗与分明。若没有了这份因冷然而得的万物皆备于心，就无法真正体得绝学无为的“闲”字。

禅的独行也不是一种逃避，要绝学无为，杀尽始安③，要不与万法为侣，就必须有最大的生命气魄。

当然，禅的冷然独行，更非箕踞而坐，妄自尊大，所谓“路逢剑客须呈剑，不是诗人莫献诗”，剑客原有剑客该走的独行道，诗人也有他以文会友、吟风弄月的生命风光，彼此原自无碍，重要的是，行者如何去认清自己是剑客还是诗人!

① 陈尊宿（780—877）：睦州道明禅师，因接引四方学人，词语峻险，诸方归慕，故以“尊宿”称之。禅师称呼一般法号前冠以得法或驻锡地，如黄檗希运，即黄檗山之希运禅师，惟马祖道一因宗风峻烈开阖而被以俗家马姓直称马祖，此处陈尊宿亦然。

② 曹溪的的意：曹溪位于广东曲江县，六祖于此弘法，人称曹溪法门，禅门遂有“禅源一滴水”之说，意谓南禅即由此出；的的意系指意旨。曹溪的的意即指南禅意旨。

③ 杀尽始安：禅以佛性本自具足，不假他求，只要舍掉执著，即可照见本心，因此标举“只破不立”。杀尽始安，意指只有彻底破执，生命才能真正安顿。安，出自二祖慧可断臂求法所称“我心未宁，乞师与安”一语，而这正是所有道人共有的生命观照。

五

见过于师，方堪传授

行者在人与法间的切入，重要的是能否相应，而非追求形式的统合。

人是修行的体践者，法为宇宙生命运行的原理，修行是人求法，人证道，谈它总得两者并举，但该以何者为要？自来就有不同的强调。从人的立场是“人能弘道，非道弘人”，在法的角度则“依法不依人”，各立一边，却都是为了对治。

谈“人能弘道，非道弘人”在强调体践，郁郁黄花、苍苍翠竹，虽尽为法身，但行者若不能领会，一切存在也属枉然，因此，修行时，能否真正遇到体践者，乃为至要。而说“依法不依人”则在彰显真理的客观性，毕竟说人就要论起灭，更何况许多人又未证言证，依个不好的人，只能以盲导盲，所谓“盲人骑瞎马，夜半临深池”，莫此为甚。

当然，为了防止过于沦于一边，也可两者并举，密教就是个例子，它在佛、法、僧三宝上加入“上师”形成四宝，就是以上师为三宝的具体结合，是人法合一活生生的存在。然而，这样做也仍是个方便，毕竟，行者在人与法间的切入，重要的是能否相应，而非追求形式的统合。

以净土[①]为例，一句弥陀，从头打到尾，老师就不是那么重要；相反地，密教行持牵涉许多的法门、资粮与次第，自己横冲直撞，就往往枉费光阴。

而禅呢？禅是绝对的经验主义，只能从现象映现本体，如果没有活脱脱的生命来体现活脱脱的道，所说所求就是戏论；更何况，“言语道断，心行处灭”，落于有形、有为的法都有局限性。而禅既在打破惯性，就得应机说法，不能流于陈套，这时候，一个法无定法、应病予药的禅师乃成为必要，禅家的公案、语录如此之多，就因为它们都是活脱脱禅师教学的记录。所以，不拘形式的禅也极讲传承，毕竟，只有透过行者与行者间有效的印心，法才能真实地延续。

然而，禅家这种以人为本的传承毕竟与别宗不同，因为逢佛都杀佛、逢祖都杀祖了，怎可能让老师的法教成为自己的所知障，所以在此，法的绝对性又出现了。禅讲印心，是你有我也有，是彼此共同通于法海之谓，老师不能形成任何权威，否则就离开了禅的基点。

因此，参禅重要的固在从前辈的生命体践中映对自己的所行所学，但不敢“如实”看待前辈与师父或迳认为师父乃不可超越者，与禅就不能相应。

禅自黄檗后，宗风大开大阖，而黄檗在百丈门下就直接显现了这种体认：

一日，师（百丈）谓众曰："佛法不是小事，老僧昔再参马祖，被大师一喝，直得三日耳聋眼黑。"

黄檗闻举，不觉吐舌，师曰："子以后莫承嗣马祖去？"檗云："不然，今日因师举，得见马祖大机之用，然且不识马祖，若嗣马祖，以后丧我儿孙。"

师云："如是如是。见与师齐，减师半德；见过于师，方堪传授。子甚有超师之作。"

以"一口吸尽西江水方与汝道"气魄著称的马祖，徒孙黄檗固佩服其大机之用，却以为有天若只以师祖为标的，则必"丧我儿孙"，以此，回过头来看看后世行者的气概，也难怪禅要没落了。

① 净土：此处指净土宗，中国佛教大乘八宗之一，以念佛为主要法门，依念佛而相应于阿弥陀佛之大愿，得以往生极乐世界，自此不再退转。以信仰为核心的净土宗，是典型藉由"他力"得救的宗派，在此，恰与强调"自性自悟"的"自力"宗派禅门形成两极。

六 末法与当下

毕竟，佛光普照天地，能否领受还看自己。

许多学佛人喜欢谈末法[1]，末法的认知原出自经典，但感受则使它更为真实：当去佛日远、烦恼日盛之时，人们似乎只能祈求佛菩萨愿力的加被。更何况，愈强调末法，救赎法门便愈趋简易，于是一刻散心念佛，即植永久福报，站在众生的立场，何乐而不为？这也就是净土法门为何会从观想念佛、摄心念佛，转至肯定散心念佛[2]的原因。

的确，身处五浊恶世，众生不宜妄自尊大，而佛菩萨既是永远行着救赎事业的生命，将一切托付给他，谁曰不宜？何况大乘佛法还谈“一佛一世界”，其极致就认为世界的存在本缘于佛陀的愿力，因此将一切救赎回归佛陀本愿，反而掌握了佛法的本质。

然而，从愿力的立场谈末法固有至理，但这愿力还须两者和合才行，也就是除了佛陀愿力外，众生的愿力一样重要。因缘法是佛法的根本，在此谁也不能例外，就如密教的加持般，佛菩萨愿力的“加”，仍必得配合众生的“持”，才能圆满，否则就如注水于漏斗般，想水满器皿，断无可能。

把佛菩萨当成全能，其实是违反佛法的，唐代嵩岳元珪就流传着这么一段故事：

嵩岳元珪谒慧安国师，“印以真宗，顿悟玄旨，遂卜庐于岳之庞坞。一日，有异人者，峨冠袴褶而至，从者极多，轻步舒徐，称谓大师。”

这个相貌堂堂者原来是嵩岳之神，他闻元珪“有广大之智辩”，乃来求戒，元珪先告以“无心则无戒，无戒则无心。无佛无众生，无汝及无我，无汝，孰为戒哉”的第一义谛[3]。而后因山神谓自己“神通亚佛”，元珪乃就此开示了“佛有三不能”：

佛能空一切相成万法智，而不能即灭定业。佛能知群有性穷亿劫事，而不能化导无缘。佛能度无量有情，而不能尽众生界。

的确，定业[4]为佛所不能转，只能随缘消受；无缘为佛所不能化，只能期待新的缘起，而这新的缘起就掌握在众生身上。毕竟，佛光普照天地，能否领受还看自己。

所以说，无论何种修行，在佛法而言，都是不离自力的。本来，自受因自受果，合于缘起的，该来的就会来；只是这该来的，有时主要是佛光的外在加被，有时则为内在自性光明的发起。至于会契于何者，就看个人的情性及法门的特质了。

法门的存在是应机的，因此有许多排列组合的可能，兼习诸宗者乃常有之，龙树菩萨⑤号称大乘八宗⑥之祖，华严⑦世界更谈事事无碍，似乎更印证了这种可能。然而，悟者的应缘无碍与行者的兼习多门毕竟不同，后者不仅常因此无法一门深入，甚且还互抵成效，禅者谈末法就是如此。

本来，期待佛菩萨加被的，末法是种“增上”⑧的信仰，因为如此乃更能无我，由无我而不碍佛光之照射；但强调自性的宗门，末法思想往往成为逆缘，因为它让行者一不小心就“心外求法”。有了末法，便很难领受当下，也远离了那成佛作祖的气概，要悟道，自然是难了。

① 末法：据经论，佛灭度后，有正、像、末三个时期。正法时期，人们依佛教法而行，证悟者多；像法时期虽仍得闻教法，但证悟者愈稀；末法时期则佛法不行，外道炽盛，唯赖佛救度。

② 散心念佛：念佛法门分观想、摄心、散心念佛三种。观想念佛指念佛时，观想佛之法相与功德；摄心念佛指一心不乱，专心念佛。中国佛教为顺应普罗大众，亦为彰显弥陀大愿，因此肯定散心念佛，若自修行而言，自以观想、摄心、散心，依次得利。

③ 第一义谛：指以般若智慧观照到的究竟真理。有时亦直接作为最高或终极之意。

④ 定业：因果为宇宙律，法尔本然，该领受之业报，谓之定业。

⑤ 龙树菩萨：公元 2、3 世纪出身于南印度婆罗门种性，为大乘佛教中观学派创始人，更是大乘八宗之祖，其著作为大乘佛法理论发展的重要基础。

⑥ 八宗：指隋唐时期创立或流传的“三论、唯识、天台、华严、禅、净土、律、密”之大乘八宗。依序以“性相台贤、禅净律密”简称之。前四者（除天台外）重义学（理论）；后四者则直接关涉行法。

⑦ 华严：华严宗依于《华严经》而立，主“事事无碍法界观”，意指万法相互缘起，相融无碍，因此举一则得一切，一切亦归于一。

⑧ 增上：增胜上进、有助修行之意。

七 几个男儿是丈夫

真正的丈夫不在冲锋杀敌、伟业丰功，
也不在满腹经纶、经世致用，
却在能对自己的根本局限加以超越……

学佛有句话说：“出家乃大丈夫之能事，非将相所能为！”一般对它的解释常从割舍入手，认为出家就在能“舍”，而将相一切却为了“得”，愈泥于世情者自然就愈难解脱。当然，这句话也可迳作正面解，意思是说，出家的目的既在成佛作祖、了生脱死，这种气魄原就非只思世间福报者所能有。

学道是为求超越眼前生命的局限，行者因此须有一定的夺天之志，这在诸家皆然。像道家祖师的吕洞宾就曾留有一首脍炙人口的诗，道尽了修行人睥睨世情的生命特质：

独上高楼望八都，墨云散尽月轮孤；

茫茫宇宙人无数，几个男儿是丈夫。

的确，在行者看来，真正的丈夫不在冲锋杀敌、伟业丰功，也不在满腹经纶、经世致用，却在能对自己的根本局限加以超越，而也只有超越这小我的局限，生命才能呈现真正的风光。

这种气魄、这种风光，使道人的行为在悟前、悟后都有令人一振的能量，就像临济义玄答凤林所言“孤轮独照江山静，自笑一声天地惊”般，此等言行与应答皆非凡俗文人诗家所能为。所以，多年前曾有一教诗学的教授，在笔者告以此吕祖诗、临济语时，会慨言自己过去囿于文人诗思，乃不能知此境界，及至眼目一开，方觉这等言句果非凡人所能为，而多少好诗，竟就因此从眼前溜过。

的确，这类言句、行为在禅家比比皆是，世人却往往略过，纵使偶觉奇特，也多在它背后的禅理上搬弄工夫，不知其间的气魄才是修行能否得力的关键。

提到禅家的气魄，除了睥睨世情外，师徒间的关系也令人侧目，所谓“见过于师，方堪传授”，真正的老师要如南院慧颙般，风穴延沼问他：“和尚此间一棒作么商量？”

棒下无生忍，临机不让师。

这是南院的回答，典型的临济宗风，在临济电光石火的机锋里，老师总以截断众流之姿，让学生入于无生法忍[1]，而学生也得有临机不让师的气魄，乃能相应。所以说，禅者虽重家风，却不能依附师门。有人问青林师虔说："正法眼藏，祖祖相传，未审和尚传付何人？"青林回答得好：

灵苗生有地，大悟不存师。

真正的灵苗是大悟不存师的，老师要有此体认，学生更不可妄自菲薄，所谓"出家乃大丈夫之能事，非将相所能为"，不只在割舍世情，更在直接面对那任何可以拘泥自己的权威。

当然，从言句、行仪所见的气魄，有悟前、悟后之分，悟前多的是夺天之志，悟后则更显现一份绝待的本然，悟前是月泉同新的：

气宇冲霄大丈夫，寻常沟渎岂能拘？
手提三尺吹毛剑，直取骊龙颔下珠。

悟后，就要如百丈般，"独坐大雄峰"了。

① 无生法忍：指体得诸法不生不灭，而安住于不动之境。

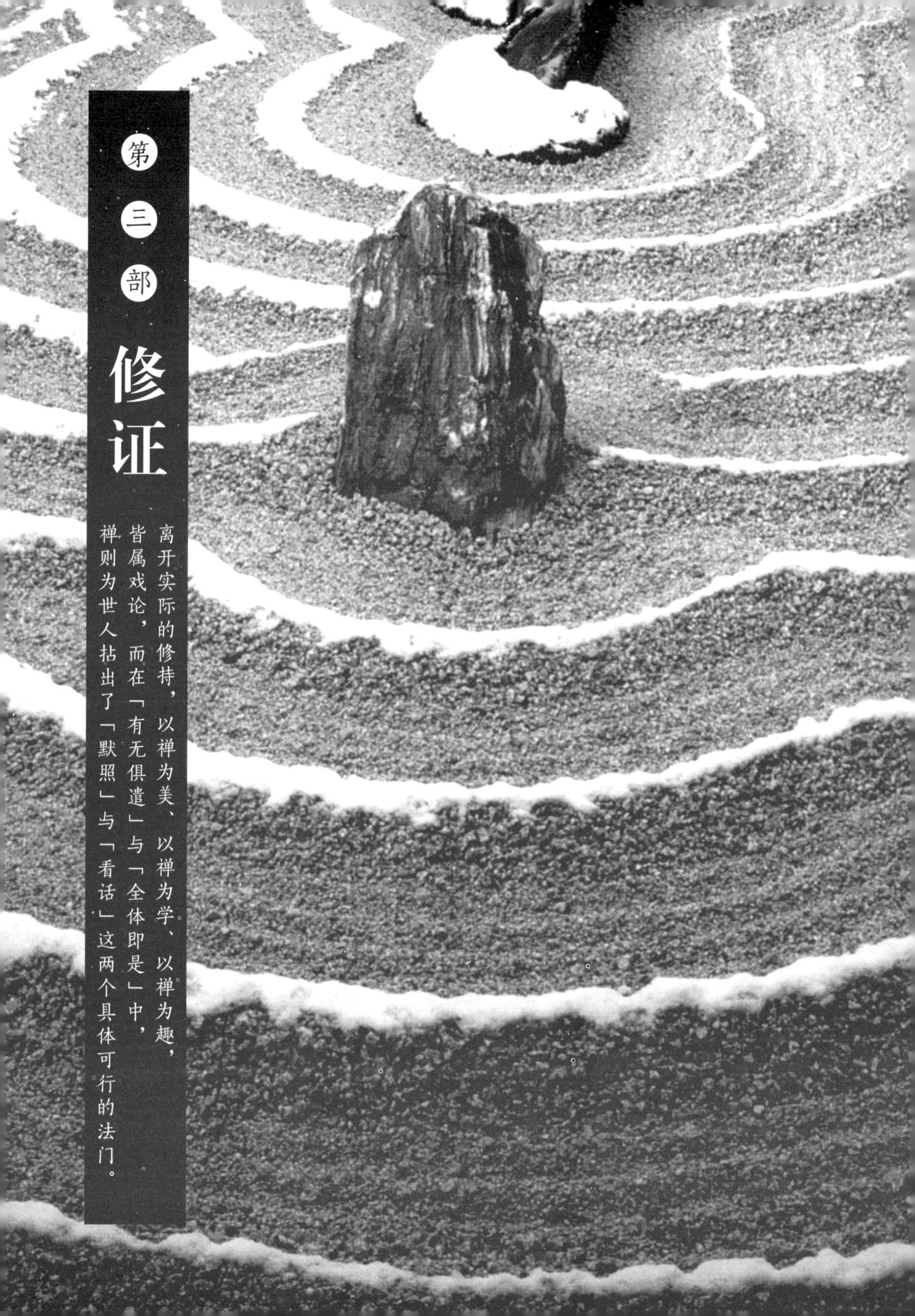

第三部 修证

离开实际的修持，以禅为美、以禅为学、以禅为趣，皆属戏论，而在「有无俱遣」与「全体即是」中，禅则为世人拈出了「默照」与「看话」这两个具体可行的法门。

一　坐或不坐

禅，应缘无碍，
许多人因此津津乐道于悟后风光，
却忘了这是一番寒彻骨的结果。

禅，机锋迷人，许多人因此忽略了行者本分，直以为机巧趣味就是禅；禅，应缘无碍，许多人因此津津乐道悟后风光，却忘了这是一番寒彻骨的结果。禅，似乎人人能谈，但守住本分，发大气魄，如实行去的却极少。这种情形固然与习者的态度有关，但一定成分也来自对禅修行的误解，从宋元以来，文人的坐谈心性、巧对机锋，到现在号称生活禅的“啜饮一杯午后香醇的咖啡”，都是如此。而其中，最根本的误解恐怕就在于认为禅宗是排斥坐禅的。

的确，禅门公案语录、祖师行仪间呵斥坐禅的例子很多，南岳怀让[①]与马祖道一间的师徒应答，就是个典型例子：

开元中有沙门道一，在衡岳山常习坐禅。师（南岳）知是法器，往问曰："大德坐禅图什么？"曰："图作佛。"师乃取一砖，于彼庵前石上磨。一曰："磨作什么？"师曰："磨作镜。"

一曰："磨砖岂得成镜邪？"

师曰："磨砖既不成镜，坐禅岂得成佛？"

这个坐禅岂得成佛的公案，常被引来作禅宗不坐禅或排斥坐禅的案例。本来，"磨砖既不成镜，坐禅岂得成佛"的拈提，牵涉到诸多修行层面的观照，而以文字直解者则是其中最浅的，但即使只就文字相，话的意义也仅止于徒坐不足以成佛，与直接说不须坐禅仍有层次之别。换句话说，南岳的拈提只在说明坐禅并非成佛的充分条件，但因此，我们也可以反过来想：会不会正因坐禅是习禅的必要条件，才会有马祖的执著及南岳的点醒呢？

其实，坐禅到底有多重要，有心人一样可以在禅门行仪上找到许多例子，例如，达磨见梁武帝，应机不契后：

寓止于嵩山少林寺，面壁而坐，终日默然，人莫之测，谓之壁观婆罗门。

而四祖道信则：

既嗣祖风，摄心无寐，胁不至席者仅六十年。

禅门发展初期的例子如此，其后亦然，默照禅[2]中坐禅是要务，以至于日本曹洞宗的开山祖希玄道元[3]会写下《普劝坐禅仪》，核心的修行更直指“只管打坐”。这样说来，禅宗又怎会不打坐，排斥打坐呢？

诚然，坐是共法，徒坐不足以成佛，但虽说道通于行住坐卧，可四威仪中，坐自有殊胜处，这也是究竟圆满的佛陀造像多为坐像的原因。因此，问题并不在要不要坐，而是以什么方法来坐，这内涵乃决定了外教、教下与宗门的差别。

也所以祖师所教训的，一在固不可以只执坐相，另一则更在于坐时要如何契入。《坛经》说：“此门坐禅，元不看心，亦不看净，亦不是不动。若言看心，心原是妄；知心如幻，故无所看也。若言看净，人性本净，由妄念故，盖覆真如，但无妄想，性自清净。”

这所谈的原只是教人如何坐禅，却由于直契心源，一般人为思虑心所缚，总觉无以契入，就只能将六祖之言当成一种理论、心得或教训来看了。

“此门坐禅”，连一超直入如来地的六祖也如此说自家行仪，可见坐禅的必要性，在此，正如禅常拈提的“不落两端”般，行者谈坐，也得将壁观与磨镜这“许”与“不许”一时并举才是。

① 南岳怀让（677—744）：唐禅僧，与青原行思为六祖座下法脉最胜的两系，由其座下马祖道一再生临济、沩仰两宗，除“磨砖既不成镜，坐禅岂得成佛”外，另一问答亦常被传诵：有一大德问：“如镜铸像，像成后未审光向甚么处去？”师曰：“如大德为童子时，相貌何在？”曰：“只如像成后，为甚么不鉴照？”师曰：“虽然不鉴照，谩他一点不得。”

② 默照禅：宋曹洞宗天童宏智所倡导的禅风，以默然鉴照、直契本心为法门。

③ 希玄道元（1200—1253）：日本曹洞宗开山祖，二十三岁渡海至宋于天童寺学禅，回日后创永平寺，将默照法门直推为“只管打坐”，有著作《正法眼藏》《普劝坐禅仪》。

二 岂真坐久成劳

坐久会成劳，不坐呢？堕落深坑，禅家对法的态度正是如此，执持是负担，不执便堕落。

达磨西来是为一大事因缘，因此标举宗门之不共，禅家总喜以“祖师西来意”为机锋，其中的应对拈提遂成为公案中的重要成分。而云门法嗣香林澄远[①]的下述问答，则是常被引用的一例：

问：“如何是西来的的意？”

师曰：“坐久成劳。”

这“坐久成劳”的回答果真擒贼擒王，因为达磨人称壁观婆罗门，有九年面壁的传说，而谈他西来之意，香林却干脆以子之矛攻子之盾，直接否定了达磨的坐。你问祖师，我超越祖师，就禅来说，确是本家风光！

不过，对此问答，多数人并不从这超佛越祖处着眼，反常就“坐”直接来谈：所谓坐久成劳，不就在告诉你打坐与悟道无关，甚至会变成生命的负担！

这种契入不能说错，问题是“坐久成劳”的领会总须在“坐久”之后才为真，换句话说，不打坐，可以是门外汉的无法入坐，也可以是真正坐久之后的脱开形式，两者间有天渊之别。就如同青原惟信知名的禅语“见山是山，见水是水”般，这里有“未参禅时，见山是山，见水是水”的凡情，也有“而今得个休歇处，依前见山只是山，见水只是水”的风光，两者就相差了三十年。所以说，“坐久成劳”又岂可如一般知解，以为只在呵斥坐禅，它更点出了行者的工夫：没有坐久，就不能有真正坐久成劳的体会，也就不能有真正放下的法益。

密法的修行就是如此，它既得有事相切入，又需要诸根齐摄，于是真言、手印、坛城、气、脉、明点一起来，搞得你焦头烂额，但到了最后，却还是要你一切放下，无修无整。外表看来，行者像是被开了个大玩笑，但没有前面的堆叠，又怎能有后来的抖落；没有前面的契入，又如何有后来的超越？

从“一切有”入手的密宗如此，拈提“一切无”的禅门也省不下这转折的过程，只是形式达到了极简，因此，对内行人来说，这句坐久成劳的背后，看到的更该是以多少工夫为基底的修行。

超凡入圣家家在谈，宗门因此更拈提超圣回凡；打坐也一样，共法的部分不须再说，重要的是不共在哪里。而“坐”正因为是多数学人的基本功，禅才有“坐久成劳”的拈提。

谈禅修行，忽略坐禅工夫是很危险的事，其实在“坐久成劳”的问答里，很少人注意到它还有下一句：

曰：“便回转时如何？”

师曰：“堕落深坑。”

坐久会成劳，不坐呢？堕落深坑，禅家对法的态度正是如此，执持是负担，不执便堕落。不落两边，直心而为，这等工夫要时间磨、要生命参，所以问答的主人公还有知名的一句拈提：

老僧四十年方打成一片。

① 香林澄远（908—987）：五代时云门宗禅僧，为开山祖云门文偃法嗣，其行绵密，有问：“如何是香林一脉泉？”师曰：“念无间断。”可为宗风印证。

三

池成月自来

佛法、开悟都是自己原有的东西，「清净妙明，是诸人本所游践处」，而坐禅就在回归这本然之心……

宗门修行在花开五叶[①]之前虽各有禅风，但较无所谓体系，及至法门大兴，各宗乃竞相标举自家立宗处，接引学人的法门亦逐渐风格化。而由于禅特重知见、开悟，宗风的不同主要就体现在机锋转语、公案问答上，这些被传述下来的机锋、公案，也就形塑了后世对禅宗的主要印象。

以这种印象来看禅宗其实是偏颇的，因为看不到行者的“基本功”。然而，公案机锋对不参禅者毕竟有无尽的吸引，它使禅宗急速扩散，渗入生活；唯流风所及，宋元之后乃“谈禅者多，印证者少”。这种发展表面上符合了六祖所说的“佛法在世间，不离世间觉”，但后世禅的流弊所以如此之深，也正缘于此。

一般人对禅法的印象如此，但禅的真相呢？其实在各宗分立后，因应学人的需要，在机锋转语、公案问答外，祖师更为行者确立了较具体的参究法门，这种法门虽然不如初期禅门“法无定法”般的大开大阖，却让学人有迹可循——尽管最后这迹也得泯除。

这个“迹”主要分为“看话”[②]与“默照”。看话不同于公案参究，它二六时中，提撕话头，是个一路行去、具体可征的方法；而默照则聚焦于打坐。可以说，谈的都是行者的基本功，只是这基本功可以直透开悟。

这样信而有征的修行法门，按理说应为大众所清楚认知才是，只是禅的机锋公案毕竟太迷人了，以至于禅修行的内在发展是一回事，外界对禅的认知又是另一回事。此外，看话与默照虽存在于后来的临济与曹洞，惟后世宗门，临济本居其九，曹洞仅得其一，坐禅的重要性自然就隐微。

其实，坐禅不仅是定学的核心，在非曹洞体系的丛林也是重要功课，默照里，它更是直指开悟的唯一法门。而此法门虽因“默而照、照而默”，宗风上不似临济般杀活同时，却较可免除狂禅、口头禅之病，以当今世风之浮泛，实更适合学人。

当然，默照禅不是三学[③]中的定学，它是要学人经由坐禅，自知独耀，能有发明，毕竟，佛法、开悟都是自己原有的东西，“清净妙明，是诸人本所游践处”，坐禅，就在回归这本然之心，如能“默默自知，灵灵独耀，与圣无异，于凡不减，它只是旧家一段事”，到了这个地步，其实与佛无异。

默照禅开山祖天童宏智[④]曾说道：“云门优稳身心，自解随波逐浪[⑤]；

临济变通手段，它能影草探竿[6]。且道，天童门下合作么生？开池不待月，池成月自来。”

的确，默照的坐禅是“开池不待月”的，不以坐为手段，而是坐本身就在体现佛道，如此一路行去，不搬弄其他，时机一到，就“池成月自来”，这种相应是对坐禅的最高拈提，学人若能在此用心，有时胜似参破百千公案。

① 花开五叶：南禅自六祖下，法系昌盛，陆续出现了沩仰、临济、曹洞、云门、法眼五个宗派；宗门谓之“一花开五叶”，其原句则出自达磨遗世的传法偈：“吾本来兹土，传法救迷情；一花开五叶，结果自然成”，意谓其已预见。

② 看话：看话禅，宋临济禅僧大慧宗杲所弘，指专就一祖师话头历久参究而开悟的法门。无门慧开指咬住一话头，要“如吞了个热铁丸相似，吐又吐不出，荡尽从前恶知恶觉，久久纯熟，自然内外打成一片”，意即以祖师话头昼夜提撕，令所有思虑无从生起，从而使生命入于一如。

③ 三学：即戒、定、慧。传统佛教修行可概括为由戒得定，由定生慧。

④ 天童宏智（1091—1157）：宋曹洞禅僧，弘扬“默而照，照而默”的默照禅，与大慧宗杲同时，看话禅与默照禅自此成为宗门具体可征的修行法门。宏智宗风绵密，机关不露，擅以诗语接众，其禅风与看话的严厉峻烈恰成对比。

⑤ 随波逐浪：禅门五家接引学人的宗风与手段各有不同，时人谓云门有王者气象，常以最优稳的姿态示人，但也因此令学人无所循行，世有云门三句流传：涵盖乾坤、截断众流、随波逐浪，三句可视为对法界不同角度的切入，亦可视为锻炼学人的手段。

⑥ 影草探竿：皆为渔民使鱼聚集后下网捕捞之法。探竿系束鹈羽插竿头，探水中，使群鱼聚一处；影草，指刈草浸水中，群鱼潜影，然后以网捞漉之。临济接引人，以喝随宜施教，曾谓“有时一喝，如探竿影草”。

四 坐禅即是作佛

禅家打坐必须具有气概，有时是为了打破桶底，有时则是如此才好契入全然是坐……

禅门的坐禅不应是手段式的坐禅，它既不是由定生慧的定，也非一般定慧等持的定，而是《坛经》上所言“即慧之时定在慧，即定之时慧在定”的坐禅，这样的坐禅与一般打坐自然不同。

也所以，禅家打坐必须是“全体是坐”，虽然，在实际修行时，学人难免会因对治而兼用其他方法，像《楞严经》[①]所言的，以耳根或其他法门来反闻自性，但即便如此，也不可离了这全体是坐的气概与状态。

说禅门的坐禅，日本曹洞宗开山祖希玄道元拈提得好：“坐禅是悟门之事。悟者，只管打坐。”他不同于南岳怀让“磨砖既不成镜，坐禅岂得成佛”的拈提，南岳告诉马祖：“汝学坐禅，为学坐佛？若学坐禅，禅非坐卧。若学坐佛，佛非定相。于无住法，不应取舍。汝若坐佛，即是杀佛。若执坐相，非达其理。”道元恰恰相反，他认为坐禅就是坐佛，也就是作佛，为什么呢？因为你就在此“行佛自受用三昧”，也就是说，在坐禅里不只“全体是坐”，而且“当体即佛”。

这样的说法可说彻底打破了手段与目的二元分割的世界，它有着密宗即身成佛、禅门即事而真的味道，但更为简捷，不须转过一圈才随处即是，行者可以当下无别。

为什么能如此呢？因为“清净妙明，是诸人本所游践处”，一切本然具足，“元不借他一毫外法，的的是自家屋里事。”

所以天童宏智才说：

若是分晓汉，不从佛，不从祖，学禅学道，学佛学法，唯是自己。肯休肯歇，肯放肯落。是时一丝不沾缀，一掺不停留。放教与天地合、虚空等。一切事消烁，一切心混融。浩浩荡荡，是一个真实人体。若是头角尽，踪迹绝，歧路断，心意忘，是个彻头无生无死底时节。不教尔退一步，亦不教尔进一步。三世诸佛，同此时证；六代祖师，同此时悟。要个时惺惺照得破，寂寂体得到。

谈坐禅即坐佛、作佛，这段话很令人寻味。老实说，到了这个地步，坐相的执或遣已无意义，从实修来讲，正是有此坐佛，尔后才会有行佛、卧佛，终至“运水搬柴，无非大道”。当然，这样的坐禅法对初阶有时显得太深，因此也可以先借助其他方法进入，反观耳根、全力呼吸都是，但总得趋向全然是坐。而其实，对老参来说，这种坐禅法也不容易，因为许多行者早已过度依赖“系心一缘”，手段与目的的二分很不容易打破，要契入坐禅就是坐佛的境地自然困难。

禅家打坐必须具有气概，有时是为了打破桶底，有时则是如此才好契入全然是坐，当然，也就因为不谈次第，不依缘而止，真正坐禅时该如何？乃无法以文字定法为之，许多问题只有实参后才会出现，答案对问者也才具有意义。

禅门谈开悟常标举“一超直入如来地”，而所谓“坐禅即作佛”，恰是此话最直接的体现，它让因地、果地合而为一，所谓禅宗不谈坐禅，正是不知此事之谓。

① 《楞严经》：理论与实修兼具的佛教经典，唐中天竺沙门般剌密帝译，其中“七处征心”是以因明论心不可以相得，“二十五圆通法门”列数二十五位菩萨的修行法门，以观世音耳根圆通为最殊胜，“五十阴魔”则列举修行的幻境而破之。明禅僧憨山德清曾言“自从一见《楞严》后，不读人间糟粕书”。

五 只管打坐

坐禅毕竟仍是宗门修行的核心，道元曾说「坐禅为佛法全道」，有志禅修行者千万不要放过了这句话。

练功夫有句话说：“拳不离手，曲不离口”，说明了基本功的重要，而坐禅在宗门正是一种基本功。不过，这个基本功在历史发展、修行脉络中，却具有一种特殊的地位。

坐禅是默照禅修行的核心，它与看话禅的“看话”，形成宋之后禅门最重要的两个实修法门，而这个基点到了日本的希玄道元身上，则又向前推了一步，他在《正法眼藏》里写道：

从参见知识[①]开始，乃至烧香、礼拜、念佛、修忏、看经等一概不为，只管打坐，得身心脱落。

这样的坐禅已不只是核心，更成为唯一趋向佛道的修行法，而他的立论基础则在“佛法与修证一等”，意味修与证并非不同之事。所谓坐禅，正可以是一种“证上之修”，因此坐禅即坐佛、作佛，行佛自受用三昧，默照到此，乃直接被化约为“只管打坐”。

本来，在禅的修行中，大慧宗杲[2]的看话禅与天童宏智的默照禅，是光谱对应的两端。大慧宗杲其人就如他标举的看话禅般，直捷峻烈，所以批评起默照禅也毫不留情，说许多行者的默照是“坐在黑山下鬼窟里”。而天童宏智则如他的默照禅般，并没有相对的反击；但到了道元，则直接批评许多学人学了少许公案和佛语，就自以为了解佛法，只会离佛道愈来愈远，所以他强调“学道之最要，坐禅是第一也。大宋人得道，皆坐禅之力也”，“佛祖之道只坐禅也，不须顺他事”。可以说，把天童宏智放在心里的话，直接大声地在异时异地说了出来。

从天童宏智到希玄道元，由内隐的气魄到外观的提倡，尽管两人有着中国默照与日本只管打坐家风的差异，但对于坐禅在修行上所该有的核心地位，却都是直接拈提的，只是由于宏智的机关不露，再加以公案机锋迷人，才让许多人——包含研究者忽略了坐禅的真实地位。

其实，自思想脉络只能描摹禅宗的外貌，从公案语录则可以了解宗门真实的接引，而若掌握了坐禅的态度及方法，所契入的禅门发展更就远为真切。例如，六祖惠能虽然提出了定慧不二“不看心、不看净，亦不是不动”的坐禅拈提，但文字内容所谈的还像是个“原则”；到了药山惟俨[3]则不同，他就直接拈出了坐禅的方法：

师坐次，有僧问："兀兀地思量什么？"

师曰："思量个不思量。"

曰："不思量底如何思量？"

师曰："非思量。"

坦白说，药山所言正是默照或只管打坐的方法，若没有深刻的坐禅经验，是说不出这种话的，也因此后世泰半学者就死在这思量、不思量、非思量的议论中。相反地，你若具有默照或"只管打坐"的经验，对这种直契一如、全体即是的境界，就不会摸不着边际。

不过，在宗门里，禅字的意义的确早已超越了坐禅的范围，而禅宗的坐禅也非传统的禅那④所可涵盖，但若因此以为禅者只在棒喝机锋、公案转语中竟其佛事，那就是天大的误解。坐禅毕竟仍是宗门修行的核心，道元曾说"坐禅为佛法全道"，有志禅修行者千万不要放过了这句话。

① 知识：善知识之略，佛教指有德行、有修行、有正知见者。

② 大慧宗杲（1089—1163）：宋临济宗禅僧，看话禅开山祖，宗风峻烈，曾虑后世禅子"不明根本，专尚语言"，而将其师圜悟克勤所著、评唱公案而为后世人许为"禅门第一书"的《碧岩录》焚毁。

③ 药山惟俨（751—834）：唐禅僧，石头希迁法嗣，在澧州药山，大振宗风。其坐有另一问答传世：一日在石上坐次，石头问曰："汝在这里作么？"曰："一物不为。"头曰："恁么即闲坐也。"曰："若闲坐即为也。"头曰："汝道不为，不为个甚么？"曰："千圣亦不识。"

④ 禅那：即禅定，指一心专注的修行法门。

六 关键在疑情

真正疑情的发起更有赖禅者生命的涉入，
也就是说，只有在行者真正「移情」
变成了故事中人时，
公案的能量才会产生……

公案要有作用，关键就在疑情，这疑情不是指想要解决某些客观学理问题的动力，而在感觉这公案与自己生命问题的解决有关。没有了疑情，公案只能成为学理、教训，起不得翻转生命的能量。

常被参究的公案自身总具有启动学人疑情的一定能量，《禅宗无门关》[①]中的第一个公案：

赵州和尚因僧问："狗子还有佛性也无？"

州云："无！"

这"无"字乍闻之下与"众生皆有佛性"相违，为何赵州如此回答？玄机何在？学人自然容易在此生出疑情。

然而，真正疑情的发起更有赖禅者生命的涉入，也就是说，只有在行者真正“移情”变成了故事中人时，公案的能量才会产生，以“南泉斩猫”的公案为例：

南泉和尚[2]因东西两堂争猫儿，乃提云：“大众，道得即救，道不得即斩却也。”众无对，泉遂斩之。

这公案用知解来解，许多人说是斩断烦恼根，但如果行者本身养过猫，养过宠物，这一刀自然就变得何其难也！于是要契入南泉的当下、气魄、直接，必然牵涉到生命转换的工夫，一旦有天首肯南泉之所为，生命自然已是另外一片风光。

所以说，对公案的态度，最下者是把它当教训，次之者则把它当故事，真正的参则必须因移情而疑情，只有当学人变成故事中人，公案才有真正的生命相契。就如云门[3]因僧问“如何是佛”，门云“干屎橛[4]！”般，如果没有领受到揩屁股竹片上干屎的味道，就无以契入云门的破，这也就是为什么禅师的接引，常以学人日常事务作答的原因，因为只有活生生的生命经验，才能导致活生生的生命转换。

这种移情、临场性，使公案的应答不可能有标准的答案，因为问的人不同，答的人不同，答案就不同，“说食不饱”，“如人饮水，冷暖自知”，在公案最是如此。公案的说明只能提供一点启发的契机，越此一步，离禅即远，多数谈公案的书都有此病，至于像《禅门公案秘传》之流，竟然有所谓的答案库，那就根本是魔说了。

谈到公案答处的因人而异，最有名的应属马祖道一“即心即佛”与“非心非佛”的应答：

僧问：“和尚为什么说即心即佛？”

师曰：“为止小儿啼。”

曰：“啼止时如何？”

师曰：“非心非佛。”

这是指人在不同层次答案就不同，但即使如此，也非人人一样，像马祖的法嗣大梅法常初参马祖“如何是佛”时，马祖答，以“即心即佛”，师即大悟，之后有僧人告诉他：“大师近日佛法有别，又道非心非佛。”但法常听后，却回答了一句：“任他非心非佛，我只管即心即佛。”僧回报马祖，马祖的回答是：“梅子熟也！”

所以说，公案固然为“公”，有其接应学人的客观性，但对应之际，却又有非常“私”的部分，你的就是你的，自家宝藏还得自家寻，谈公案，不堕知解，不拾牙慧，总是个前提。

① 《禅宗无门关》：宋禅僧无门慧开撰，系慧开选录四十八则知名公案，加上偈颂与评唱而成。以“大道无门，千差有路；透得此关，乾坤独步”开篇，因名之，首则公案举赵州“狗子无佛性”之“无”，要人就此昼夜提撕。

② 南泉和尚（748—834）：南泉普愿，唐禅僧，马祖道一法嗣，系宗风开阖的关键人物，“南泉斩猫”为禅门最知名壁立千仞之公案。

③ 云门（864—949）：云门文偃，唐末五代禅僧，青原法系，开创云门宗一派，宗风直绝情识妄想，知名禅语“日日是好日”即出自云门。

④ 干屎橛：即厕筹，唐时纸张仍贵，百姓以小竹片拭粪，至晚才以水净身。屎橛已臭，干屎橛更臭不可闻。

七

箭锋相拄、间不容发

许多公案根本是彼此生命境界的现前对应，说什么内容倒在其次……

面对学人的同样应答，禅师有时许之，有时不许，关键就在学人的生命状态。佛法讲因缘，时节不到，说了等于白说，有时反过来还害人不浅，因此好的老师无不应缘施教，遇到不契的学子，更会指点他因缘何在，叫他另投明师。

许或不许，不同人有不同因缘，同一个人境界不同也会有不一样的印可。而所谓境界是装不得的，思虑知解的不是境界，只有在箭锋相拄、电光石火间，一个人的真实境界才会显露。

也所以，禅师逼问总在迅雷不及掩耳间，让学子无从考虑、无以躲闪，德山棒、临济喝为的都是如此：两刃相交、棒喝临头时，你究竟如何！

禅师对应答的许与不许，表面的字义与动作并非重点，关键在学人的临场状态，你是犹豫踌躇？你是辩理犀利？你是击掌之声，间不容发？就决定了你答案的正确与否。

犹豫、析理的一定错，直接回答也不见得对，但在箭锋相拄间现出截然气概的，生命就有一番境界，学人参公案也只有契入了这种情境，移情才有机会完成。

电光石火之所以那么重要，因为只有在此时答案才与生命紧紧相连，但这种相连，到底是后天的学习、制约、内化而得，还是打破疑情，由本心所发，就有赖人师的慧眼，而能了然这种后天人格与先天智慧的差别，也才够资格接引学人。

电光石火、箭锋相拄如此重要，可惜看公案语录的鲜少注意这点，于是许多公案乃愈解愈繁、愈说愈玄，好像禅师是个机关算尽的人似的，但其实，许多公案根本是彼此生命境界的现前对应，说什么内容倒在其次，“黄檗佛法无多子”正是如此：

临济义玄[①]初参黄檗，三年后经当时首座建议第一次问黄檗：“如何是佛法的的大意？”问声未绝，檗便打，如是三度问，三度被打。后来辞黄檗，檗告诉他，只往高安滩头参大愚即可。

师到大愚，愚曰：“甚处来？”师曰：“黄檗来。”愚曰：“黄檗有何言句？”师曰：“某甲三度问佛法的的大意，三度被打，不知某甲有过无过？”愚曰：“黄檗与么老婆心切，为汝得彻困，更来这里问有过无过！”师于言下大悟，乃曰：“元来黄檗佛法无多子。”

大愚于是问临济见到什么道理，要临济“速道！速道！”，临济则在大愚肋下打了三拳。大愚要临济回黄檗处，黄檗问临济：“大愚有何言句？”临济告以前事，檗曰：“大愚老汉饶舌，待来痛与一顿。”临济逮到了这句说“说甚待来，即今便打”，就掌了黄檗，黄檗乃哈哈大笑。

在这公案里，黄檗的打、大愚的问及临济的打，都在箭锋相拄、间不容发中出现，只有临济问黄檗的话是他人授意、知解而生，许与不许，关键就在此，而为何临济打、黄檗打，正像释尊拈花微笑、情人眉目传情般，取个什么宗风，就要问他们本人了。

① 临济义玄（？—867）：唐禅僧，黄檗希运法嗣，创临济宗，常以喝为接引手段，世称“临济喝”。临济宗为禅门最盛之一派，禅风杀活同时，自谓：“有时夺人不夺境，有时夺境不夺人，有时人境两俱夺，有时人境俱不夺。”

八 不予自己以任何可乘之机

参禅是剑刃上事，稍有放浪，即丧身失命……

谈公案很过瘾，参公案却得下工夫，想从纸上公案悟道，必然缘木求鱼。公案是禅门的特产，真参如铜墙铁壁，假参就是文人说禅。谈禅风气兴盛后，往往以紫夺朱，再加以参公案本“法无定法”，有心学子常如蚊子叮铁牛般无从下手，祖师方便，于是就有了“看话禅”的设计。

看话禅的弘倡缘自大慧宗杲，他举出了赵州和尚“无”的公案，以为学人在此提撕，则大道可期：

僧问赵州：狗子还有佛性也无？州云：无！此一字，便是个破生死疑心底刀子也。这刀子把柄只在当人手中，教别人下手不得，便是自家下手始得。

而要如何提撕这个“无”字，无门慧开[1]在《禅宗无门关》中说得好：

参禅须透祖师关，妙悟要穷心路绝。祖关不透，心路不绝，尽是依草附木[2]精灵。且道：如何是祖师关？只者一个“无”字，乃宗门一关也，遂目之曰《禅宗无门关》。透得过者，非但亲见赵州，便可与历代祖师把手共行，眉毛厮结，同一眼见，同一耳闻，岂不庆快？莫有要透关底么？将三百六十骨节，八万四千毫窍，通身起个疑团，参个“无”字。昼夜提撕，莫作虚无会，莫作有无会，如吞了个热铁丸相似，吐又吐不出，荡尽从前恶知恶觉，久久纯熟，自然内外打成一片：如哑子得梦，只许自知。蓦然打发，惊天动地，如夺得关将军大刀入手，逢佛杀佛，逢祖杀祖，于生死岸头得大自在，向六道四生中游戏三昧。且作么生提撕？尽平生气力，举个“无”字，若不间断，好似法烛一点便着。

本来，公案是一种机锋、一种境界现前的对应，但到这时，禅子面对的竟只剩个“无”，而这无，既不可作虚无会，也不可作有无会，是借着它截断两边，也因此，必须“二六时中，不离这个”。

这样的修行其实是极端严厉的，参禅是剑刃上事，稍有放浪，即丧身失命，因此“不能予自己以任何可乘之机”，用这态度来提撕话头，才能截断两端。坦白说，这种做法只能用在专业修行或克期取证的当头，一般人是做不到的。也所以，大慧宗杲认为能参话头的，必得是“常以生不知来处，死不知去处二事，贴在鼻孔尖上。茶里、饭里，静处、闹处，念念孜孜，常似欠人百万贯钱，无所从出，回避无门，求生不能，求死不得”，如此，才能破釜沉舟行去，才会选择如此法门。

这样的法门便利处是有着力点，但拿捏得宜并不易，铃木大拙[3]曾谈到参话头的心理特质类似念佛，但其实那点微妙的差别，正是禅、净的不同处。念佛念至“不持而持，持而不持”，基本上仍有个圣境在，而话头则在圣凡两遣；念佛未得究竟，也总有个功德与依靠，但话头既是无味语，则不到开悟，似乎就枉用工夫，能如此孤注一掷者自然不多。

过去参话头盛行于禅门，是因有开悟的祖师大德作见证、为典型，一旦缺乏了这点，会选择如此没有保险的严厉法门者自然极少，而所谓参禅也就只能停于对公案口头了解的层次了。

① 无门慧开（1183—1260）：宋临济宗禅僧，绍定二年（1229）编撰《禅宗无门关》一卷，为禅门公案评唱的代表作。与《碧岩录》相比，后者接机主要对禅门已具工夫锻炼者，《无门关》则更为简明，更通于道俗，但不减其启发疑情之丰富。

② 依草附木：禅语，原指人死后生缘未定之际，精灵无法独立自存，须依附草木而住，禅家转指学者为语言文字所拘，无以透脱自由。

③ 铃木大拙（1870—1966）：日本临济宗禅者，对禅及东方思想在欧美的传扬，贡献卓越，西人之了解禅，基本就从铃木大拙禅书得，所弘主要为临济。

九 评唱的异化

公案的注释并不是一般依文解字的教下注释，它是禅师对公案内容的「评唱」，所以是后来者与前辈的修行相应。

公案从无到有，从参公案到看话头，这种禅门修行的发展有它的不得不然，毕竟，禅讲“向上一路，千圣不传”，高则高矣！但许多人确有凡圣罔测之慨，因此，法席昌盛后，因应“一般学人”的要求，自然就发展出具体可征的修行方法，“默照”与“看话”正是这种轨迹的产物，而站在第一义谛，当然也难免将之视为禅门已无大机大用的表征。

只是，虽说这两个法门是因应“一般学人”而生，但此一般却不同于平常之一般，要在坐时“当体即佛”，要在看话“二六时中，不离这个”，其实已是上上根器。且此二法门依然有“一超直入如来地”的能量，因此虽说由“法无定法”到“有法可循”，但它们或全体即是，或佛魔俱斩，既皆能直断凡情，因此，也不能说这样的发展就必然是禅风的萎缩。

然而，在法门上虽不能说是萎缩，且这种变化固可求诸禅门内在的发展轨迹，但它一定程度的确也是因应时代的特殊氛围所致。唐、五代社会开放阳刚，宗门遂益加大开大阖，所以扬眉瞬目、嬉笑怒骂尽是文章；及至宋代，规矩加多，看话、默照虽仍有禅门直捷严厉之风，个性却已走向内敛，较少创造性的宗风，公案的产生也趋于停顿。而愈往后，就像文化史中元、明、清的发展般，禅门的气象也愈弱，终至沦于令人慨叹的地步。

看话禅的产生，一来是法门发展的结果，另外也欲匡时人文字禅、口头禅之弊，然而，气象渐弱的禅门既无力多所创造，最终也只能在祖师余荫下踵步前贤，于是在看话、默照这种观照修行原点的发展外，一个“注释公案”的风气也迅速成为宗门主流。

所谓公案的注释并不是一般依文解字的教下注释，它是禅师对公案内容的“评唱”，所以是后来者与前辈的修行相应。这样的评唱最知名的是圜悟克勤的《碧岩录》[①]，后人认为它“剖诀玄微，抉剔幽邃，显列祖之机用，开后学之心源”，宋时就有人称此书为“禅门第一书”。而这种发展的确为一般行者所喜，因为公案的涵义往往离于思量，学人不得其门而入，有了“颂古”“评唱”后，就比较有迹可寻。

然而，注释公案原有它必然的矛盾面，毕竟，评唱一落入“明白的”诠释，公案的效能就不存，所谓的“参活句”，说破后就变成“参死句”。而要避开此病，评唱就必须是禅师对公案的整体生命对应，但这种对应本身却常又成为一则难参的公案，许多人读《碧岩录》《无门关》，单在字面，最难解的竟常就是作者的评唱。

然而，就如同“不立文字”的宗门却留下了最多的文字记载般，这评唱之风一开就不可收拾，后世习禅下焉者固以知解对公案，上焉者也往往在评唱转语间大打哑谜，终其一生。

这种异化在评唱初生时已有人看到，克勤的弟子大慧宗杲站在看话禅的立场，“虑其后不明根本，专尚语言以图口捷，由是火之，以救斯弊”，将《碧岩录》十卷并付烈焰，不过此书却依然流通后世，影响深远。

禅师的评唱当然不是全无可取，为后世肯定的《无门关》，在评唱上就发挥了启迪学人疑情的大功效，但习禅者不可不知评唱的局限及异化，宗杲火焚《碧岩录》的道理，尤其值得治佛学者参。

① 《碧岩录》：宋禅僧圜悟克勤编，凡十卷。本书初为雪窦重显（980—1052）自《景德传灯录》的一千七百则公案中，选择最重要的一百则，附以颂文；后来克勤（1063—1135）复加垂示、评唱、著语，不仅于中国影响深远，在日本尤被称为“禅门第一书”，至今依然广为流布。

十

全体即是与有无俱遣

默照怕的是沉空守寂，
看话怕的是老死句下……

坐禅与公案是宗门修行工夫，发展到后来有默照与看话的拈提，这两个法门难谈优劣，选择何者，但看学人情性与所依宗风如何。基本上，默照或只管打坐比较像俗称的静功，性情上趋向“默默忘言，昭昭现前”者会较为相应；但说静也只是外表，那坐下后纵千山崩坏，大海横决，也不动摇的气概，却须有“一口吸尽西江水”的能量。而参公案、咬话头则由于二六时中皆可，基本上像个动功，但虽说动，那咬牙关、提话头、立地要知的“直入”，又与坐禅何异！

从静和动看默照与看话，只是外表与情性的差别而已，两者内在真正立脚的“不同”，其实在一个“全体即是”，一个“有无俱遣”，一个全盘肯定，一个全盘否定。这让我们想起马祖“即心即佛”与“非心非佛”的公案，而禅原讲“两边俱坐断，一剑倚天寒”，也举“郁郁黄花，无非般若；苍苍翠竹，尽是法身”，所谓真空妙有，在宗门实修上其实已一时并举。

佛法真空不碍妙有，妙有不离真空，禅门“即心即佛”与“非心非佛”本非两端，默照与看话可以说殊途而同归。因此，大慧宗杲之辟默照，除个人宗风外，主要应在戒默照之弊；而天童宏智既从“全体即是”入手，与有无俱遣的宗杲不同，自然对看话会有较多的包容，默照的默字即具体显现在他对此事的态度中。

作为禅修行的独特法门，默照与一般打坐不同，看话也与念佛有异，它们都不谈次第，是“一超直入如来地”的。但也因此，殊胜归殊胜，在未达大悟前，学人要坚守信心，耐住寂寞，不思退转，乃较为困难，毕竟这一路行去，所达何处，难免茫茫，不似次第法门，做一寸有一寸的功效，信心反易坚持。

在这里，看话所面对的因缘更为严峻，本来，禅的悟有“大地平沉、虚空迸裂”的悟，也有“开池不待月，池成月自来”的悟，前者多在看话产生，后者主要为默照体现。而尽管由虚空迸裂之悟所带来的豁然、狂喜，是禅门最吸引人处，但时节因缘未到，则如铜墙铁壁般，进前不得，学人数年乃至数十年中往往像是“枉用工夫”，难免退转。下焉者固从此离开禅门，即便不然，也只在表象的机锋转语、棒喝应答间得其所哉。相对之下，默照虽也可能坐久成劳，但如能不落于大的昏沉，对身心的平衡多少仍有助益。

默照与看话是禅的独特法门，但也是禅的基本功，就像武术的马步、站桩般，从入禅伊始就不得离之。所谓“有拳无功，江湖走不通；有功无拳，江湖走十年”，一般谈公案、斗机锋，那是表象的拳，是花拳绣腿，而默照、看话则是内在的功，没啥花招，却拳拳是实，可以一击必杀。何况，它不仅有马步、站桩的功效，更兼有套路、散打的功能，真能由此一路行去，则六根互通①、理事圆融，也是水到渠成之事。

谈默照、谈看话，常会想起祖师的训诫：默照怕的是沉空守寂，看话怕的是老死句下。然而，在文字禅、口头禅盛行之后，要找个这样未透的行者，其实也已不是件太容易的事了！

① 六根互通：六根指眼、耳、鼻、舌、身、意。佛教以六根清净者，任何一根均可产生他根的功能，选相为用，如耳视、目听之类。洞山良价有偈称“也大奇，也大奇，无情说法不思议，若将耳听终难会，眼处闻声方得知”，亦此之谓。

十一

潜符密行、日常功用

开悟知见不能离开工夫行履，看话默照不能离开日常作务，已明心地不能轻忽保任含养，知见与行履，总是缺一不可。

修行牵涉到知见与行履①，沩山灵祐②曾有句名言表达了禅门的侧重：“只贵子眼正，不说子行履。”意思是说，只有行者见地到了，才不会错用工夫，否则就如盲人骑瞎马般，用功愈勤，错失愈大。我自己过去在作琵琶教学时，最怕的也是这种学生，笃信勤能补拙，却不知方法要对。如此知见不明，下焉者固运动伤害，无法弹琴；较好的，也只能平铺直叙，难以言曲中意境。

所以说“眼高手低”一词，固都用来批评那些夸夸其言者，但它却是有效学习的一个前提，正见带着行履，即使慢慢走，也总会到达目的地。

当然，禅所谈的知见不是知解，它是现量[3]世界，这种现量世界使开悟知见者在修行路上有“本来呈现事，何必待商量”的了然，于是乃能如《楞严经》所说：“理须顿悟，乘悟并销；事非顿除，因次第尽。”

现量世界出自体证，要有这种生命翻转，须不断的工夫琢磨，事资渐修其实并不只适用悟后阶段，悟前如果没有这种琢磨，就无以使自己桶底脱落。

以此禅修行在默照、看话的锻炼外，也还得有“日常作务”的琢磨工夫，只有运水搬柴也具见用功，行者才能真正达到“二六时中，不离这个”的地步。

日常作务的功用一在营生、弘法；二在济默照坐久成劳、看话死于句下之病，让动静、出入相互渗透；三则在体现“运水搬柴，无非大道”的境地。对它的强调成为宗门的一个特质，禅讲“不与万法为侣”，因此虽说专心办道，却也不能以接受供养为当然之事，所以百丈的“一日不作，一日不食”才成为禅门佳话。这种农禅风气甚至影响了禅宗命运，当依赖世俗供养的其他宗派因法难而无以为继时，“赤手出门成活计，好儿终不使爷钱”的禅，却能以极简的方式“带索和犁就雪眠”，继续潜修密行，让法脉不断。

悟前的工夫重要，固往往为知解之徒所不知，悟后的工夫则连有心者也常忽略。禅虽“贵子眼正”，但见后并不就无事，没有深化悟境，一切也可能退转为“遥远、美丽、模糊的回忆”，也所以行者往往在此时潜符密行[4]，缄默自修，绝不机关外露，免得逆缘孳生，无有了期。

这种“长养圣胎”的保任工夫常为学人所忽略，谈祖师行仪，大多数人都将重点放在公案机锋上，却鲜少有人注意到在这之外的祖师修行样貌。就像“菩提本非树，明镜亦非台，本来无一物，何处惹尘埃”一偈人人熟知般，却很少有人注意到下面这段同为六祖行仪的描述：

惠能后至曹溪，又被恶人寻逐，乃于四会，避难猎人队中，凡经一十五载，时与猎人随宜说法。猎人常令守网，每见生命，尽放之。每至饭时，以菜寄煮肉锅，或问，则对曰：“但吃肉边菜。”

六祖隐于猎者，从事相上讲，合了“最危险的地方也最安全”的话；就修行而言，更就是有这段保任工夫，悟境才能臻于成熟。想想，行者与猎人朝夕相处，要面对的试炼何止这些，而也只有经此试炼，才能网开一面，吃肉边菜，“百花丛中过，片叶不沾身”。

开悟知见不能离开工夫行履，看话默照不能离开日常作务，已明心地不能轻忽保任含养，知见与行履，总是缺一不可。

① 知见行履：知见，指对佛法的见地，在禅，尤指亲证直观世界之存在。行履：指实际修行的工夫锻炼，从默照、看话、公案提唱、日常作务至行脚参访皆是。

② 沩山灵祐（771—853）：唐禅僧，沩仰宗初祖，百丈法嗣，栖止于潭州大沩山。其弟子仰山慧寂承续宗风，发扬光大，世称“沩仰宗”。

③ 现量：指不起思虑分别的直观世界。

④ 潜符密行：指已开悟知见、领得玄旨，为坚固悟境，于日常功用中琢磨工夫，外人无以识之，少有干扰，固能臻于斯地。

十二 境界现前时，如何？

行者要行脚天下，因为只有身处异时异地，自己修持究到何种境界才能彻底裸露。

宗门处事是“没有立场的立场”，所谓没有立场是不预设立场，不以二分概念来划分立场，毕竟，现象界之事总药毒同性，用对了是药，用错了就是毒，正如同诚实是美德，但若直接告诉一个生性懦弱者他身罹绝症的消息就成坏事般，凡事总须应病予药才是。参禅因此在使生命成为一个完全的开放系统，只有如此，才能彻底跳脱二元分割的颠倒，才能如实观照自己所学所作是否如法。而许多行者所以癫狂入魔，还自以为神人，就多因处在一个封闭系统里盲修瞎炼所致。

相较于其他宗教或法门，禅确有它最开放的本质，所以“魔来魔斩、佛来佛斩”，但即便如此，行者也常“犹有这个在”。毕竟，无明既称无始，我执既号俱生，就代表它们无时不在、幽微难测，人活在自己熟悉的环境里，对它们更“习焉而不察”，于是微细的执著乃不易涤荡。所以，过去行者要行脚天下，因为只有身处异时异地，自己修持究到何种境界才能彻底裸露。

行脚有人以为就是访道，这种说法虽不差，但它更重要的意义还在“印证”，这印证在禅门里只能是现量世界的显现，所以两刃相交、杀活同时，到此最能体现宗门的“佛法无亲”。初机[①]的访道，“徒访师三年”固要行脚，“自以为”破参亲证，更须往他处印证，免致未证言证，误己误人。

“佛法无亲”是不把佛法当人情，最严厉的例子出现在达磨与慧可身上，慧可为求法，立雪及膝，达磨还讥他“岂以小德小智，轻心慢心，欲冀真乘，徒劳勤苦”，为示决心，慧可乃“潜取利刀，自断左臂，置于师前”。针对此，石溪心月就写下了这样的一首诗：

少室门庭冷似冰，可师曾此一沉吟；

夜阑各自知寒冷，莫待齐腰三尺深。

此诗前两句体会慧可心情，后两句则代达磨作答。的确，要待齐腰三尺再来求道，为时已晚。本来，生命之所以会思超越，正因体得自身之不足，而要能如此，就不得把自己包裹在层层的惯性环境中。

以此，体会“无亲”正是行脚最重要的目的之一，只有将自己投身在这无亲的环境里，境界才会显现，所谓“不与万法为侣”到此才是考验。

就如德山要是没有离开自己著书立说之处，又怎会晓得婆子一句“你点的是什么心”就把自己难倒般，换个环境，一个小小的变化就可能把行者的“罩门”裸露，当事人也才能看清自己。

比起寻常人，行者粗的烦恼自然较少，但不代表他已去除细的执著，在未臻觉者前人人都有罩门，只是行者的罩门较少、较隐微，因此自己也不易察觉。如果又聚众授徒，开山立派，簇拥者众，一切行为他人都作胜义解，久而久之，自然就更自以为是了。所以密教有“疯癫行”，禅家常现孤独相，正都是为治此病。

修行是整体之事，因此默照或看话固是宗门修行之本，但日常作务与行脚印证也不能免。日常作务是工夫事，只有如此才有绵密涵养，行脚印证则为作用事，所谓“境界现前时，如何”，到了此地，你才知道所学是否能用。

① 初机：初学佛道之人。

十三　可叹师徒相瞒

老师最终只能忙于解决「众生」问题，自己却无暇更上一层楼，但学子对他的信仰却反而愈来愈深，终致形成一个外人无以理解的封闭系统。

老友蓝吉富在他的《听雨僧庐佛学杂集》中，有篇精彩的短文（《钝鸟与灵龟》），生动地描绘了默照禅与看话禅两位开创者天童宏智与大慧宗杲的订交逸事。其中提到订交前，宏智面对宗杲所批评的“默照邪禅”，采取了毫不反击的无嗔态度，针对此事，他以为“像大慧那样曾经大悟的禅师，也未必能完全通晓其他开悟者的境界，法海浩瀚，所悟唯见一滴”。因此，宏智“对于不同法门的容忍，其实是对全体真理的尊重，并非只是寻常的礼貌而已”，这段话以勘验的不易说明行者该有的自谦，值得有心人再三领略。

修行最忌盲修瞎炼，但勘验委实不易，一来是学人原本处于学的阶段，有些东西就是不明白才来学；二来也因学人心既有所求，许多事就易“作胜义解”；三来则因师徒相契，确有不易道得的因缘，关系常如“情人眼里出西施”般，别人期期以为不可，他却一往情深。所以真能“徒访师三年”的不多，寻常人往往直接一头栽下去，要待到头破血流后才离开，但隔不多久，你却看他又在另一头栽下去了。

“徒访师”三年不易，“师访徒”三年也难，本来勘验学人须具一定的宗匠手眼，就如教乐器般，不是学一年的教初学的，而是历经十数寒暑之后，你才真能明白那看似简单的“初阶道理”。不过，好为人师却是多数人的通病，修行路上一有相应，更自然想告诉别人。此外，一旦为师，就有面子，就有徒众来去的顾虑；加上弟子对老师凡事喜作胜义解，于是为师者逐渐就只能或乐于无所不能，这时要他如实勘验——无论是勘验学生或自我印证，自不可能。

师徒相瞒其实是宗教界的常态，这样说并不即指彼此有意欺世盗名，它原是在一定心理背景下自然产生的生态现象。在此，学人能沉住气一路比较，最后择一法门深入者毕竟不多。而勘验多了，老参也难免变成了老油条，不易起坚定信心，甚且还因此退转。至于身为老师者，有时还真骑虎难下，弟子凡事求问，你要明白表示不行，原甚为难，面子之外，同时也容易替自己找个“怕断学人菩提种”的理由，何况坐轿的想下，抬轿的还不肯让他下呢！于是，老师最终只能忙于解决“众生”问题，自己却无暇更上一层楼，但学子对他的信仰却反而愈来愈深，终致形成一个外人无以理解的封闭系统。

除了这人性、生态的原因外，“徒访师、师访徒”不易，也因修行理路未清，为师者常自以为是，为徒者又雾里看花，错上加错，自然师徒相瞒。也所以尽管宗门不同于教下，却仍得对各宗理路多所了解，毕竟，只有彼此参照，才能知晓自己的特质与局限。

说到了特质与局限，许多行者恐怕并不赞成，因为理贯天地、道通有无，既然是求道，就是全然掌握，哪有特质与局限。但话虽如此，行者既非究竟的觉者，在现象界就有他“有形有相的局限”，也所以同为宗门的核心修行法，看话禅的开创者大慧宗杲会直称默照为“邪禅”，而日莲宗的开创者日莲①，则干脆宣称“念佛无间，禅天魔；真言亡国，律国贼”，这些说法也许都缘于他们特殊的人格特质、开宗需要与时空背景所致，看者原不须只在字面意义上转，但他们所提示乃至自身映现的，修行人在此所可能有的局限，学人却不能不知。

① 日莲（1222—1282）：日本佛教日莲宗初祖。从《妙法莲华经》体悟佛陀的圣教义理，创立日莲宗，其徒众诵“南无妙法莲华经”，一如净土之诵“南无阿弥陀佛”。日莲性情刚烈，为创日莲宗，与当道对峙，其所称“念佛无间”，意在标榜只能皈依《妙法莲华经》；“禅天魔”指禅欲以己力悟道，是天魔妄心；“真言亡国”，意谓真言宗在事相上招感推叠，皇室信之，除沦为谶纬，又劳民伤财；“律国贼”指律宗依于事物规矩，无有生机。

第四部 勘验

师徒相瞒固常见于宗教，师徒相勘却一直是禅门的传统，学人要不被瞒切，就须独具只眼，在禅，勘验的本身就是一种如实的修行。

一 如实勘验

悟是个人的生命体验，
但也是所有众生可以达到的客观事实，
因此，虽说难以言诠，
却十足能够勘验……

禅门特别重视勘验印证，一来是因为道本离乎文字，只有在实际对应中才能映现学人体证，二来更因宗门直扣本心，一超直入，有就有，没有就没有，但真要知，却非待境界现前不可，不似教下有理论的次第系统作为实修的参照。不过，更实际的，则因为悟是内在体证的世界，一句“如人饮水，冷暖自知”，固说明了悟境非文字、概念所能描摹，但也使许多人泥于自以为是的境地，所谓的狂禅即由此而生，勘验印证就在救此之病。

诚然，就亲证性而言，禅是如人饮水，冷暖自知的，但所谓体证的离乎概念与无以转借，并不代表自己“证”得的就必然是悟者的世界，所谓

"未证言证"，固多的是那些欺世盗名之徒，却也不乏一些知见不明之士。

悟是个人的生命体验，但也是所有众生可以达到的客观事实，因此，虽说难以言诠，却十足能够勘验，什么样的内证就会有什么样的外相，什么样的外相就体现什么样的内证，在此除非是达者对未达者故意隐瞒，和光同尘，佯狂问世，否则都适用于这个原则。但就算如此，识者若能稍加留意，仍然可看出那"内藏菩萨密[1]"的蛛丝马迹。

勘验重要，但勘验也不易，所以才会有那些师徒相瞒乃至欺世盗名之辈，这里，既牵涉到知见，也牵涉到态度。

所谓态度，是必须回到那最如实的立场，有就有，无就无，学人固不可欺人，亦不可被人欺。行者在此最常犯的错误是对先行者"一切但作胜义解"，有人嘉许这种态度，以为如此才能将看到的种种转为"增上缘"；但这种做法却使自己泥于原有的惯性系统，对外在的变化毫无所感，既有违因缘法，也给欺世盗名者可乘之机。而就禅来说，这点拿着佛法当人情的不如实，早就偏离了行者的基点。

其实，"一切但作胜义解"的态度常缘于对修行理路的不通透，所谓知见不明，自然枉费工夫。因此行者原点虽落在"行"字，却不能不在"见正"下工夫，有了正见，自然能看破欺世者的手脚。

然而，所谓"见正"却有不同宗派的不同拈提及相应。念佛人有念佛人的相应，止观者有止观者的境界，藏密的"身、语、意""气、脉、明点"与禅大异其趣，你不能说因为跟你不同，所以就是假的。

不同修行理路有不同的相应境界，佛法"归元不二，方便多门"，勘验时要看对方走的是哪条路。举例来说，除非生就多病或已届高龄，否则一个藏密行者若连“身”都调不好，你就不用跟他学了，因为藏密的“心气不二”正是它核心的法门，它对气脉的强调本远多于其他宗派；而就禅来说，虽言老婆心切，但如果一个老师下决断时考虑再三，其境界也可想而知，因为他还在思虑心上打转，你管他公案讲得口沫横飞！

禅者开悟，正所谓“自从一见桃花后，直至如今更不疑”，此时再不会被方家瞒切，但在此之前，徒访师时仍须先行了解一定的修行理路——尤其是外相与内证的关系，如此才不致误入歧途，枉下工夫。

① 内藏菩萨密：“内藏菩萨密，外现罗汉形”，江湖参学之语，原出《法华经》“外现声闻相，内密菩萨行”，指道人潜符密行、含光混世、随缘度世、时人不识之行仪。

二

生死是勘验的原点

诙谐地死、颠覆地死、游戏地死、
诗意地死、平常地死，
这种种凡夫罔测、圣境难为的死，
却是禅家的「平常」风光。

宗教缘自人对生命本质困境的观照，禅因此时时以“了生死”戒诸学人，而修行勘验也必得从此地印证起。

诚然,要说宗教行者与一般人的差别何在？正在于这面对死生的态度，因为知所皈依，因为“知所从来与从去”，所以在这无以逾越时间之流的“天堑”前，行者乃不像一般人惶惑恐怖、依恋不舍，有人坦然就死，有人乐迎西方，有人庄严承担。坦白说，行持长年，只在这死生大事前得此风光，也就值得！

或坦然、或庄严、或欣厌，不同教义、不同行仪在死生间也留下不同风光，这是宗教最迷人之处，然而，虽说不同宗教皆能显现对死生一定的超越，但要尽现风光恐怕就非禅不可。庄严地死、慷慨地死、坦然地死、欣悦地死，不同地面对死生，却同样具现神圣的境地，这是一般宗教，但禅呢？

诙谐地死、颠覆地死、游戏地死、诗意地死、平常地死，这种种凡夫罔测、圣境难为的死，却是禅家的“平常”风光。禅讲超凡入圣后更得超圣回凡，以此才能凡圣双泯，契入无别，于是最庄严与最诙谐、最严肃与最游戏、最慎重与最平常、最神圣与最颠覆、最欣厌与最诗意，竟都成为同一件事。也所以，尽管禅渗入文化、生命的各个面相，并以其公案语录、机锋转语乃至杀活同时的教学吸引学人，但要论它最鲜明、最迷人的风光，却就得属这“禅者的死生”，与之相较，那些跃动心灵、粉碎乾坤的种种行仪，有时竟让人觉得“仅属余事”而已。

说到死生的游戏、颠覆、诙谐，最知名的应该是隐峰禅师[1]了：

隐峰嗣马祖，俗家姓邓，人称邓隐峰。唐元和中，荐登五台，路出淮西，属吴元济阻兵违拒王命，官军与贼交锋，未决胜负。师曰：“吾当去解其患。”乃掷锡空中，飞身而过。两军将士仰观，事符预梦，斗心顿息。师既显神异，虑成惑众，遂入五台，于金刚窟前将示灭。先问众云：“诸方迁化，坐去卧去，吾尝见之，还有立化也无？”众云：“有也。”师云：“还有倒立者否？”众云：“未尝见有。”师乃倒立而化，亭亭然其衣顺体。时众议舁（音 yú，抬）就荼毗（火化），屹然不动。远近瞻视，惊叹无已。

师有妹为尼，时在彼，乃拊（拍）而咄曰："老兄畴昔不循法律，死更荧惑于人。"于是以手推之，偾然而踣（音bó，僵仆），遂就阇维（火化），收舍利入塔。

邓隐峰的这则故事可以作禅门的典型，"掷锡空中，飞身而过"以止干戈的神通不稀奇，稀奇的是主动选择了一个前无古人的死法："倒立而化。"临死前还得开个玩笑，真乃禅家独有风光。到此地步，你说，死生与吃饭、睡觉又有何差别！

当然，这"无别"的世界看在"有别"的众生眼中还是难免惶惑，他死时仍"亭亭然其衣顺体"，这衣袂不坠，倒立而亡，让众人不敢动，结果还得劳他的妹妹骂了他几句，顺手一推，他就"偾然而踣"了。兄妹俩还真是你来我往，平常、神奇，皆随他来去，所谓一如[2]，正此之谓。

当然，"就死"是学人最终的勘验，未到此地很难印证，只是，日常境界中，仍可从蛛丝马迹见到学人在此的工夫，师徒相访、起心动念间，可不要忘了这勘验印证的原点。

① 隐峰禅师：唐朝禅僧，生卒年不详，属南岳怀让禅师一派的法系。

② 一如：指真理或生命境地上的平等不二，无有差别。

三

死生的寻常与不寻常

死，可以大美。
这大美不是艺术家的自怜与想象，
而是谛观缘起，了无亏欠，尽此一遭，
并无余事的美感……

千古艰难唯一死，但生命却正有了这天堑才得以开展，时间若是永远足够，任何事就没有非做不可的理由。宗教的作用在超凡入圣，而所谓凡，正是这死生的不得自由，死对一般人看似遥远，但行者却得念兹在兹。“未知生，焉知死”是世间的逻辑，“未知死，焉知生”却是宗教的体验，近代净土宗十三祖印光法师关房壁上仅有一大“死”字，就说明了这个事实。

死，难！因此像邓隐峰这种颠覆的死，乃可以发学人之疑情：究竟死是什么？禅家死生的风光到此可谓极致，然而，对芸芸众生来说，这等颠覆的死，距离自己也太远了些，连“心向往之”都够不上。好在，死生之际正是禅家的本领所在，你要何风光，他有何风光，由不得你不向往。

死，可以凛然。这凛然并非慷慨赴义，而是证得不生不灭，或直以死为最直接的境界现前，具现两刃相交的直捷痛快：

元军陷温州能仁寺，寺僧脱逃一空，就只剩个无学祖元[1]独坐禅堂。面对刀剑临颈，祖元吟出了这样的禅偈：

乾坤无地卓孤筇，且喜人空法亦空；

珍重大元三尺剑，电光影里斩春风。

别人山穷水尽，他且喜人空法空，两刃相交之际，他却以春风无别之姿尽纳电光影斩，岂只无畏，更乃无别，不只凛然，更是痛快，所以元军只能退却。而坦白说，至此，祖元才算境界现前，能不欣喜畅快？凡人见此风光，又怎能不心生向往！

死，可以大美。这大美不是艺术家的自怜与想象，而是谛观缘起，了无亏欠，尽此一遭，并无余事的美感，所以平静、大气，无言而自化，就如天童宏智的临终偈般：

梦幻空华（花），六十七年；

白鸟淹没，秋水连天。

人家是千古艰难唯一死，他却是秋水连天的大美，在宏智的此偈前，所有谈人生诗境的艺术作品只能“万里无云，众生低首”，又如何不教人向往！

凛然畅快、诗境大美，乃至诙谐颠覆，皆是禅者面对死生最让人欣羡之事，而寻常人欣羡于此，正乃因生死一事太不寻常，所以庞居士②一家自然成为千古绝唱：

居士将入灭，令女灵照出视日早晚及午以报。女遽报曰："日已中矣，而有蚀也。"居士出户观次，灵照即登父座，合掌而亡。居士笑曰："我女锋捷矣！"于是更延七日。州牧于公问疾次，居士谓曰："但愿空诸所有，慎勿实诸所无。好住，世间皆如影响。"言讫，枕公膝而化。

父女如此，而老婆呢？她去田里告诉儿子，儿子"倚锄而化"。她可另有性格："你们都如此，我偏不然。"后遂不知所终。

这一家的死告诉我们，死是可以成为寻常之事的，这不寻常中的寻常，寻常中的不寻常，正是禅对世人最彻底的昭示，至此，也才真"无罣碍故，无有恐怖"。而行者虽非时刻面对此客观的死生之境，但却必得时时观照：在死生之间自己是否愈形透脱，毕竟，瞒得了别人，瞒不了自己，时时自问此点，才是修行本分。

① 无学祖元（1226—1286）：宋临济宗禅僧，日本禅宗佛光派之祖，五十五岁渡海赴日，后于镰仓创圆觉寺。元军征日，日士气之鼓舞，无学祖元曾为关键。

② 庞居士（？—808）：庞蕴，初谒石头希迁，后于马祖道一下"顿领玄旨"，与当时许多禅师多有往来，留下许多知名公案。"杀尽始安"一语即出自其偈："获生须是杀，杀尽始安居。会得个中意，铁船水上浮。"

四

一曲渔歌，宗风道尽

作工夫是为了面对死生，
但「死」到此时竟也成为工夫的本身，
由此撒手，才真能入于「威音以前」。

“生死事大”，禅的游戏神通因此尽现于此，也所以，不喜小智小德、搬弄神异的宗门，却在此留下了最多的“异迹”。六祖惠能、石头希迁[①]以降，连续几代的祖师皆为“全身舍利[②]”，连个老实修行的明代憨山德清[③]，也仍以自己的不坏肉身遥对前辈祖师，这样的情形绝非偶然。

呵斥神通的禅在死生之际不避神通，正因这神通不在炫奇斗异，它直指死生二分的破解，所以连宗风内敛绵密的曹洞开山祖洞山良价[④]也会留下如许的风光：

唐咸通十年三月命剃发披衣，令击钟，俨然坐化。时大众号恸移晷，师忽开目而起曰："夫出家之人，心不附物，是真修行。劳生息死，于悲何有？"乃召主事僧，令办愚痴斋一中，盖责其恋情也。众犹恋慕不已。延至七日，食具方备，师亦随斋毕，曰："僧家勿事，大率临行之际喧动如斯。"至八日浴讫，端坐长往。

死生来去要如洞山良价般当然不易，但坦然面对死生或直逼死亡真境，却绝对是禅者必需的自我要求，宗门因此有遗临终偈的传统，总结一生，昭示来者，虽非句句现量，但在行家而言，却也高下立判：

七十六年，萍踪何寄？
本无去来，应缘而已。

万松慧林的遗偈让我们想起台湾承天寺广钦和尚的那句"无来无去，拢无代志（闽南话，总无事情）"，这何止前后辉映，平实的语句，更在于悟者世界必有的了然。

业镜高悬，七十二年；
一槌击碎，大道坦然。

这育王妙湛临终偈的一槌，原不只是开悟的一槌，死生更是生命必须自我面对的一槌，死在此已非生命的天堑，而是悬崖撒手的工夫。同样的拈提也见于日本的无梦一清，他的辞世偈云："一颗宝珠，秘入我山；今日击碎，地阔天宽。”本来，作工夫是为了面对死生，但“死”到此时竟也成为工夫的本身，由此撒手，才真能入于“威音以前”[5]。

也正是“死”本身就是个工夫，所以对“死”，禅者的相应乃不只是或“应缘”或“坦然”，甚至“颠覆、游戏”而已，有时他更带着期待，因为这“死”正是试炼或转化的关键一关，而与前贤更就在此印证，性空妙普庵主就是这样的一个行者：

船子德诚自印心于药山后，“至秀州华亭，泛一小舟，随缘度日，以接四方往来之者”，后度夹山善会，“山乃辞行，频频回顾。师遂唤‘阇黎’[6]，山乃回首，师竖起桡子曰：‘汝将谓别有。’乃覆船入水而逝。”船子这段故事传颂极广，许多人以为船子入水而逝，一在断夹山另有余事之念，一在所作已办，即此击碎死生。而妙普庵主同样住锡华亭，追船子遗风，因此事而说偈曰：

坐脱立亡，不若水葬。一省柴烧，二省开圹（音 kuàng，墓穴）。撒手便行，不妨快畅。谁是知音？船子和尚。高风难继百千年，一曲渔歌少人唱。

遂盘坐盆中，顺潮而下。众皆随至海滨，望欲断目。师取塞，戽（音 hù，汲）水而回。众拥观，水无所入。复乘流而往，唱：“船子当年返故乡，没踪迹处妙难量。真风徧寄知音者，铁笛横吹作散场。”其笛声呜咽。顷于苍茫间，见以笛掷空而没。众号慕，图像事之。后三日，于沙上趺坐如生。

死生，在妙普庵主不只是自我的印证，还是道人的相约，至此，禅才真是宗风道尽，勘验如斯。

① 石头希迁（700—790）：唐禅僧，曾拜六祖为师，后又为六祖弟子青原行思法嗣，居衡山南寺，结庵坐禅于寺东石台上，大扬宗风，世称石头和尚，与南岳怀让座下马祖道一并称“二大士”，马祖弘于江西，石头弘于湖南，天下禅子因此“尽入江湖”。

② 全身舍利：修行成就高僧圆寂后，遗体以坐缸方式处理，开缸后未腐之法体，称全身舍利，遗此迹者多为禅宗行者，恰与禅视身子为“臭皮囊”形成反差，此中讯息正可为学人参。六祖的全身舍利现存于韶关南华寺，形容如生。

③ 憨山德清（1546—1623）：明禅僧，为明末四大高僧之一，倡禅与华严的融合，亦重三教合一，为著作甚丰之诗僧，其诗以道以艺切入，皆臻上品，遗全身舍利于今韶关南华寺。

④ 洞山良价（807—869）：唐禅僧，曹洞宗初祖，留有许多公案，“无情说法”一则尤为后世传颂参究，曾作《五位君臣诵》拈提曹洞悟道境界。曹洞与临济为后世实际流传至今之禅门宗派，在中国，临济独盛，故有“临天下，曹一角”之说，日本则因希玄道元大弘宗风，及日人民族性较严整内敛，合于曹洞机关不露之旨，故曹洞之势乃超越临济。

⑤ 威音以前：威音，指威音王佛，是过去庄严劫最初佛名，用来代表无限久远前之事。禅门以此指称学人的本来面目。

⑥ 阇黎：梵语阿阇黎之省，意为高僧，也泛指僧人。

五 眼处闻声方得知

悟者既直证能观之主体，
事相世界又本为一心之转，
行者至此，自然成为通人。

日本剑圣宫本武藏以“岩流岛之役”名垂千古，这一役是武藏与佐佐木小次郎两个年轻天才剑客的对决，剑道的追寻、情剑的抉择、死生为筹的印证、棋逢敌手的相争尽在其中，说剑道、论武士、看人生、谈梦想，人人都可在此找到极致的对应，而吉川英治以此为本的小说，在一般人眼中也就成为武藏生命的代言。

然而，青年的武藏固让人动容，谈生命修行却还得看早臻巅峰的武藏往后的日子，毕竟，多少才情纵横、睥睨横槊之士虽年少扬名，却也注定早夭。因此，以故事张力而言，岩流岛之役固可让武藏名垂千古，但武藏本人呢？岁月依然袭人，日子还得要过，依恋此役，只能高处不胜寒，所以真正的行者面对武藏的故事总该续上一句：“之后呢？”是满目苍茫？是志得意满？是踽踽独行？是更越高峰？这向上一转，恐怕才是他一生最震慑人之处，而这也是另一作家小山胜清以《是后之宫本武藏》一书写岩流岛之后武藏的行仪更让行者动容的原因。可以说，乐谈岩流岛前之武藏者，或醉心侠骨柔情，或倾心引刀一快，总难免有文人谈武侠，隔了一层之弊，而能着眼于武藏向上一转的，才真是“路逢剑客须呈剑”之事。

谈修行勘验正是如此，外行、内行所看原不相同，有人看神通异能，有人看悟后风光，有人为前辈作胜义解，有人一切作如实看，验证别人的同时也在印证自己，谈修行理路的通或不通，知见行履的彻或不彻，不一定要在惊涛骇浪间才能境界现前，一个机锋，在识者眼中也可纤毫毕现，好的公案、行仪就提供了这种机会。而武藏生命的风光究系如何？每人的答案固不同，但除开夺人眼目的剑道外，他书法、绘画与雕刻的造诣也的确启人疑情。

作为纯然的艺术表现，武藏的书法、绘画与雕刻皆堪称一流，历来对此的解释都说他以此为剑道修行的辅助，但如此并无以说明其他有同样作为的人为何无法达致此境，是武藏具特殊能力还是另有其他？同时，这种说法更忽略了剑客在生死之交的剑事外本无余力“放其逸乐”的事实，这就如过去忍者为使自己“暴露于敌前而无助”的时间能减至最低，连睡眠都讲求方法，务求即睡即熟、短睡即醒般，世人所以为的艺术高尚之事，在剑客眼中却恐是逸乐丧命之举。

然而，武藏何以能如此呢？如果我们在剑客之外，也看到武藏生命中禅者的本质，关键就得解了。“六根互通”，是大悟者的世界，武藏即便非彻底透脱，却一定程度有此风光，所以应缘而为，功力毕现。本来，悟者既直证能观之主体，事相世界又本为一心之转，行者至此，自然成为通人。洞山良价的诗说得好：

也大奇！也大奇！无情说法不思议；

若将耳听终难会，眼处闻声方得知。

眼处闻声，是悟者必然的相应，学人亦须以此自证证人。然而在此，所谓只取一事，难论其他，固心源未透，但若居于高位，就要纵论余事，假不知以为知，以杂为通，更属修行大忌。而要如何不受制于专与杂，眼目澄彻，不欺人我欺，对行者就是个严峻的考验。

六 通人与杂家

了知行者的局限对景从者来说的确有情感的不堪，但这却是修行的如实，而知道行者有其局限乃至不免退转，师弟之间才可以「互为公案」。

宗教导师是生命的导师，弟子对他的信仰常不只在死生之厄或根柢解脱上，对于导师，他们更愿意将整个生命托付于他——无论是世间或出世间，这种想法或情感可以理解，但世间未证言证乃至欺世盗名者如许之多，也就抓准了这种心理。

就佛法而言，了脱生死并不代表生命的无所不能，《景德传灯录》①中载有嵩岳元珪对山神的一段话："佛能空一切相成万法智，而不能即灭定业。佛能知群有性穷亿劫事，而不能化导无缘。佛能度无量有情，而不能尽众生界。"佛有限制，何况于人？而就禅来说，悟乃是契入全然直观的世界，在这里无有分别，不假造作，与山河大地、三界有情有最直接的对应，禅者因此能穿透分别的假相，直契“一如”；但这并不表示他从此就了脱定业，无有余习，这“一如”使他六根互通，却不就指后天的一切能生而知之。对佛或悟者充满不必要的想象，不仅是对佛法的误解，也让自己的修行之路充满荆棘与危险。

六根皆通是通人，但不就是杂家，后者所涉极广，却样样皆通、样样稀松，即或不然，也常三分事说十分话，因此，唬个外行还可以，遇到内行，就难免于假不知以为知之讥。

通人不然，有了真正的根本智，在应对现象事物、了然世间学问上总能闪熠智慧之光，而这智慧与前者浮夸的分别，就在于通人对世法的发言，虽无法及于专业的细节，却总能让专家猛然有省。

世间的通人不多，也不尽然是禅门中人，就像通有报通般，的确有人生来就较他人更具有这种能力，而于世间法或出世间法豁然有省并在学问为人上通透者也自来有之。过去中国文人的训练是全人训练，因此白居易、苏东坡、范仲淹等，于世法固广泛涉猎，在出世法上亦有其所得。像东坡居士文章经世固皆为世所称，连来个东坡肉都嘉惠后人不已，而他所写的禅诗，虽非大悟现量境界的直抒，但浑然天成，引人禅思，在世上亦属稀有，如《观潮》所示：

庐山烟雨浙江潮，未到千般恨不消；

到得还来无别事，庐山烟雨浙江潮。

这是“本来呈现事”，“见山只是山，见水只是水”的诗境直抒，习禅者在此只能击掌兴叹。

当然，透过世间法修习而来的融会通透，与由悟境而得的六根互通依然有别，后者有根本的智慧，能观而不动，不只是情性风流，还更澄彻了然，因为如如不动，所以能真正物来顺应，随缘作主。

了知行者的局限对景从者来说的确有情感的不堪，但这却是修行的如实，而知道行者有其局限乃至不免退转，师弟之间才可以“互为公案”。想想，世尊仍有背痛，维摩诘中的诸菩萨面对居士仍自有疑，近世将密法率先传入汉土的诺那上师[②]过河即晕，再对照一下那些胡吹道通天地的术士，学人在此都该引以为戒，何况兵法严厉的禅子！

① 《景德传灯录》：宋道原著，凡三十卷，集录自过去七佛起至历代禅宗诸祖五家五十二世，共一千七百零一人的传灯法系，内容包括历代禅师的生平简介和机锋行仪，是研究中国禅宗史的基本资料。

② 诺那上师（1865—1936）：即诺那呼图克图，清末民初，西康昌都人。幼年被指认为活佛转世，迎入诺那寺出家，二十四岁，继承红教祖位，兼掌政教大权。对于将藏密传入汉地有重要影响。

七 自性天真，绝对归零

不同的法门有不同的应机，
自性天真则是禅者必具的特质，
禅者也许让大人凛然，
却必与孩子相晤甚欢……

禅的语言既是直截，也是跳跃的。直截戳破人情，跳跃打破惯性；前者直捣黄龙，具现气魄，后者不按牌理，挑起疑情。许多人因此视禅语为打哑谜，以习禅为斗机锋，甚且认为这种种都是禅者的设计，却不知它们原为本心之映照，只是生命回归自性天真后的必然。

自性天真是禅的用语，但谈天真就让人想起小孩，小孩的世界天真烂漫，难不成悟道者走了老远，绕了一大圈，竟只是回到了小孩的世界？

问题的答案可以从青原惟信知名的禅语中觅得一点讯息："老僧三十年前未参禅时，见山是山，见水是水；及至后来，亲见知识有个入处，见山不是山，见水不是水；而今得个休歇处，依前见山只是山，见水只是水。”这“见山是山，见水是水”是混沌的天真，而“见山只是山，见水只是水”则是过尽千帆、终归脚下的本然，若从天真、本然而言，悟者的风光的确与小孩相应。

然而，此种相应并非让悟者“退化”或“还原”回小孩的世界，这中间有两个区别：一是过尽千帆后的回归与未经世事的天真毕竟不同，前者能应万境而不动，后者则不然；二是禅者的超越惯性与孩子的未入惯性仍有本质差别，直透本心的超越惯性是打破俱生我执、无始无明的境地，但尚未社会化的未入惯性却仍被我执、无明所缚，虽然这个缚不是因思虑、逻辑、理念、社会而有的惯性，却依然是天性的无明，所以孩子的行为固常予大人以刺激，自己则依然要走入大人那被缚的老路。

然而，话虽如此，孩子的世界确在身心方面与悟者有更多的相应，他们超越惯性、绝对归零，所以日日充满生机，活于当下，有着成人未及的能量。

孩子的世界不只创意十足，身体更处在一种极度柔软的状态中，他睡即睡，醒即醒，不像大人睡前得辗转反侧，醒来又迷迷糊糊，总须经过一段时间才能进入状况。这样的肢体映照于心理，就是笑即笑，哭即哭，永远愁不隔宿，不像大人的烦恼多在岁月积累中日日加深，无有绝期。

绝对归零是悟者与孩子的共同特征，因为不瞻前顾后，不做时间的奴隶，自然活于当下。就如大珠慧海知名的禅问答般，一般人正是“吃饭时，百般须索；睡觉时，千般计较”，不曾懂得吃饭与睡觉，又怎能日日是好日？

不同的法门有不同的应机，自性天真则是禅者必具的特质。禅者也许让大人凛然，却必与孩子相晤甚欢，对人对事，他闪熠着慧黠，时时不按牌理出牌，对太多事物充满兴趣，总之，就没有一件事是习于成套的，这也是禅最迷人之处，它不仅有创意，更显现盎然的生机。

所谓盎然生机，是指禅者不按惯性却又如此“自然”，这与喜谈创意乃至必不与人同者有根本差别，因为后者在创发行为中充满了作意，只会头上安头，说勘验，在此仍不得不察。

八 充满句号的语言

禅的应答、接引都是畅快截然的，这份畅快截然并非来自我执的主观，而是心镜映照万物的直接对应……

禅修行有严厉的本质，但这严厉并不即指一般意义下的刻苦自励，它其实是要学人临事不闪烁，遇问题直捣黄龙，这种宗风使禅畅快利落，充满生机，而一般的刻苦自励却往往伴随保守内缩，与禅正好相反。

正是这份畅快利落，使禅充满魅力，葛藤缠身的生命就在此见到无明抖落的可能，因此尽管一般人对许多禅语未能竟其真意，但依然会在那直捷的对应中感受一种生命的畅然。

的确，禅的应答、接引都是畅快截然的，这份畅快截然并非来自我执的主观，而是心镜映照万物的直接对应，所谓电光石火、击掌之声，是离乎思虑的间不容发。在此，许即许，不许即不许，有缘则应，无缘则藏，婆婆妈妈是常人的事，在禅，或截断众流，或涵盖乾坤，或壁立千仞，或慈悲接引，却总是高手出招，绝无二式。

禅的直心映照，使禅语总是简约，禅问答总是简短，高手试剑，不必尽四大海方知水味，禅者总直捣黄龙，不让思虑心有活跃的机会。所以说，以两刃相交谈禅的试炼印证或接引，是最恰当的形容，问答之间，诸事已毕，会者即会，不会者即不会，离开当下，就没有了禅的风光。

了解这种特性，才能警觉诠释禅问答时必须面对的矛盾：本来是截断众流的问答，你却以更多的思虑语言来诠释它。有时，问答、行仪中的两者一来一往，更容易引致诠释者像说一个论理的故事般说它，但禅者哪有如此累、如此安排的？禅的接引在应机，真要领受就得当机，所有禅问答、禅公案的解释只能在帮助学人的应机上着墨，离乎此就成了戏论。

这看来是常人入禅一个难跨的门槛，但其实不然，禅语短，一是当机，一在截学人思虑，另一则在发起疑情。而尽管公案难解，却总能引起“为什么这样”的疑问，就说明了这发自禅者本心的风光，对一般人仍有其积极的作用在。

禅语简短，禅者的语言因此有更多的“句号”，行事婆婆妈妈的不是禅者，论理明晰的与禅也非相应，直截、跳跃、终结思虑是禅者语言的特质，勘验行者，这也是个关键。

禅史中，“云门一字关[①]”，是这种禅问答的极则：

僧问："如何是云门剑？"

曰："揭。"

问："如何是正法眼？"

曰："普。"

问："如何是啐啄机？"

曰："响。"

无论会与不会，思虑必在此截断，这是契入的基点。

诚然，禅的宗风诸家不同，有急雷掣电、杀活同时的，有映现当下、诗心自照的，也有绵绵密密、老实接引的，但断无婆婆妈妈、犹疑不决者。无论问答与行为，是否于禅有真实契入，在此倒是最容易测知，当然，这里存在着究竟是直截还是狂妄的误区，真实勘验也仍有待学人的法眼。

① 云门一字关：云门宗风人称有王者气象，云门文偃常以简洁一字应答，有王者语称全机、直拈要旨之象，故称一字关。

九　梅子熟了的自信

就是这不疑才使得禅者
不只在两刃相交间不致回避，
也在接机时截断众流、
直捣黄龙。

有关生命的无明，显教化约为贪、嗔、痴三毒，密教则标举贪、嗔、痴、慢、疑五毒，一多相即，三五之分，就看如何涉入。其中密以五毒转五智，意谓经由修行，贪、嗔、痴、慢、疑即分别转化为妙观察智、大圆镜智、法界体性智、平等性智、成所作智，由五毒、五智、五方佛一系列下来，密教标举“五”自有它结构上的必然。

然而，所谓五毒，也可由其粗细观之，一般来说，愈在后者愈难净除。以贪为例，世间不忮不求者有之，行者更化世间之小贪为成佛作祖的“大贪”。相对之下，嗔的戒除或转化就更具难度，君不见世间俊彦往往能化私欲为大公，却难免对与自己不同者党同伐异，文人相轻，自古为然，其中还率多豪杰国士。原因就在贪还涉个私字，嗔则往往能假公义以为之，而痴原为烦恼之本。所以用“戒、定、慧”治“贪、嗔、痴”，就实际而言，既得对治，又立次第。

然而，密教缘何又立慢、疑呢？就结构而言，自与前述五佛五智根本相关，但以实修或次第来说，所谓“独守幽闲，犹是法尘分别影事”，圣凡之别，既难超越，得者能不有个慢字？而疑之消除，更非入于现量之境不可，所谓亲证为实，不契彼岸，信中必然犹有其疑，这也是为何逆境一来，行者多有退转的原因。

密如此，禅亦然，灵云志勤的知名禅诗：“三十年来寻剑客，几回落叶又抽枝。自从一见桃花后，直至如今更不疑。”这“不疑”正是行者欣羡的境界，也是“亲见者”的得道风光。就是这不疑才使得禅者不只在两刃相交间不致回避，也在接机时截断众流、直捣黄龙。因为“是即是，不是即不是”，一翻两瞪眼，闪烁、穷蘑菇、堆概念、谈身段，都是虚招，美则美矣，却无有用途。

因此，这种接机印证上的截然及生命所流露出的绝对自信，就不只存在于“佛魔俱遣，生杀同时”的禅者身上，它是悟者的共同特征，那些绵绵密密、机关不露的行者同样有着这样的生命特质。

马祖道一宗风峻烈，他有时谈即心即佛，有时说非心非佛，此两者在究极上虽说不上有何不同，但就接机而言，非心非佛确代表着典型的马祖禅风，不过，大梅法常在他座下则流传着这么一段故事：

大寂闻师住山，乃令僧问："和尚见马大师得个什么，便住此山？"师曰："大师向我道：即心即佛。我便向这里住。"僧曰："大师近日佛法有别。"师曰："作么生？"曰："又道：非心非佛。"师曰："这老汉惑乱人，未有了日。任他非心非佛，我只管即心即佛。"其僧回举似马祖，祖曰："梅子熟也！"

法常的"坚持"并非一般世俗的坚持，而是现量世界的直抒，所以面对自己老师马大士的机用乃可以平淡以对，在勘验禅者时，这种绝对自信是个关键；然而，犹豫的行者固不堪论，学人在此仍须辨别狂禅与现量自信的分别，惟现量自信既来自本心的了然，则细心观察下，以假乱真者也还是会在这里露馅的。

十 不说破的悲心

禅的悲心缘自开悟而得的万物一体，当无我无别时，悲心就成为生命一种自然的情操……

觉者是悲智双运的生命，但众生却难两者得兼，悲心足往往智根浅，智根利则悲心薄，也所以虽云修行乃欲臻于悲智双运之地，但法门之设却必有悲智的偏重。一般而言，自缘起契入，就强调悲心，从实相入手，则偏重智慧；再就自力、他力来说，说他力必涉悲心，谈自力就得强调自身智慧的开发。

禅在佛教诸宗中最强调自力，也最侧重智慧开发，在大破大立、大开大阖中，予人的印象多为棒喝交加，所谓“道得也三十棒，道不得也三十棒”，宗风不管是峻烈抑孤高，却总兵法严厉，不谈慈悲。有人因此以为禅是偏智甚或全智的宗教，站在悲智双运的高点批评禅未达究竟、落于一边。

其实，这是对禅的一种误解，白居易曾有诗云："老子若无为，何留五千言"，禅师若无悲心，何须接引学人，毕竟，禅讲自力，讲不与万法为侣，本质上固自家事自家了，聚众授徒更犯修行大忌，但为何禅家又要选设道场，留下那么多接引人的事迹与语录？

所以说，事情并不在禅缺乏慈悲，而在禅究竟以何种方式对待与体现慈悲。谆谆教诲是慈悲，断其思虑也是慈悲；从人情入手是慈悲，要求兵法严厉、不将佛法当人情也是慈悲。就如香严智闲初参沩山时一般：

灵祐问曰："我闻汝在百丈先师处，问一答十，问十答百。此是汝聪明灵利，意解识想，生死根本。父母未生时，试道一句看。"师被一问，直得茫然。归寮将平日看过文字从头要寻一句酬对，竟不能得，乃自叹曰："画饼不可充饥。"屡乞沩山说破，山曰："我若说似汝，汝已后骂我去，我说底是我底，终不干汝事。"师遂将平昔所看文字烧却。曰："此生不学佛法也，且作个长行粥饭僧，免役心神。"乃泣辞沩山，直过南阳睹忠国师遗迹，遂憩止焉。

一日，芟（音 shān，割）除草木，偶抛瓦砾，击竹作声，忽然省悟。遽归沐浴焚香，遥礼沩山。赞曰："和尚大慈，恩逾父母。当时若为我说破，何有今日之事？"

的确，当时若沩山说破，香严就没有今天，这正是禅的慈悲。禅的悲心，缘自开悟而得的万物一体，当无我无别时，悲心就成为生命一种自然的情操，只是对应宗风，禅者在悲心上的呈现乃与他家有别。

禅的悲心来自智慧的观照与体现，所以不会流于情绪困扰的“悲魔”，而慈既是予人安乐，悲为拔人之苦，慈悲自然就牵涉到布施，但禅的布施也与人不同。

佛家谈布施有财施、法施、无畏施三种，“禅穷密富”，在财施上禅向不着力，而法施、无畏施则见殊胜，尤其在无畏施上，禅者那无有恐怖的风光、直捷凛然的承担，最可予众生无畏的信念与感染，学人能从禅者身上见到此，禅慈悲之用即已殊胜。

“少室门庭冷似冰”，禅的悲心学人也许较难感受，但由于他自性天真，这“冰”乃不致令习者信心挫败，禅者即使严厉峻烈、孤高截然，也绝不拿习者的缺点、众生的局限为玩笑，学人在禅者面前，只有自我映照于明镜前的反观，却不会有不如人的挫折与焦虑，谈勘验，禅者的这种特质也是学人所必须去领会的。

十一 勘验就是修行

勘验的本身也是一种如实的修行，日积月累，事理日明，境界日深，最终无师而自通，也非不可能之事。

虽说末法之世“言道者多，证道者少”，但说者谆谆，听者藐藐，原因就在佛训已远，生死依旧，学人一旦发起道心，反而会有超越佛法盛世时的热忱，因此就予有心人可乘之机，结果是活佛充世、大师满街，龙蛇难分，使宗教在繁盛的外表下充满异化的危机，行者于此，稍一不慎就丧身失命，所以说，修行勘验在当代乃愈形重要。

勘验牵涉到态度，修行最忌“天地独厚我一人”的想法，有了这种想法，魔就乘隙而入，各种殊胜法门也就由“大师”独传于你，如此，即使不被骗财骗色，也将陷于自我催眠的封闭系统中而无以自觉。而禅既要涤荡圣凡，在这里的危机比诸他宗，尤其是喜谈加持的密法自然要少上许多，但“禅”之一字既已渗入佛法乃至文化的各个层面，则妄称禅法、以紫夺朱者就依然所在多有。于是，不仅外教、魔军常将自己有形有为之法妄称“禅法”，甚至连个健身功法也可大称“禅功”，遂使禅的真貌不存。

态度之外，分不出真假更与修行理路不清有关，许多人宁可信二手传播，却从不亲近原典，所以相信“六祖之下，法传白衣”，以为禅在佛教不存，不知如此说法不仅无史实根据，就算真有他们所谓的密付心法，这法也与禅的基点、宗风了无交涉，甚至大相违背。然而，更有等而下之者，以世俗之姿，蓄发着衣，匡领徒众，即妄称禅师①，不知以维摩诘位同等觉之尊，在经中亦只称居士，虽然禅非名相所能限，但打破名相与混淆名相毕竟有别。所以说，许多人之所以误入歧途，归根究底还都是态度与理路的问题。

勘验也需要经验，魔军披着圣衣，罩门往往隐微，初入门者常不易察觉，但修行是整体生命的提升，它不是特异功能，学人只要有此认知，不以一点特异即代表整体提升，就容易在行住坐卧间瞧见这些人的真正斤两。例如有一位号称活佛的新兴宗教“教主”，第一次回台湾，记者问他，“你在美国，毁誉不一，听说常修法咒那些谤你的人，这样给外界的观瞻恐怕不好吧！”“喔！谢谢你的提醒，我想下次我不会这样了。”

这种事要人来提醒，这种事还谈“我想下次”，其生命层次可想而知，从禅的立场，你管他号称能入梦、号称能放光显像、号称可以出入三界，如此未悟言悟，就可以“径斫其胫”；更何况，种种神通，如实地看，还止于他的“号称”，而即便是真，佛家讲通有报通、依通、鬼通、神通之别[2]，你依然需要去辨别他的真伪。

修行谈顿渐，谈法门，但总离不开如实。在自己，如实是有就有，没有就没有；对其他行者，则要不被瞒切眼目，在态度、理路、经验上独具慧眼。如此，即使不遇明师，勘验的本身也是一种如实的修行，日积月累，事理日明，境界日深，最终无师而自通，也非不可能之事。

① 禅师：在中国，自来僧相禅家，方称禅师，不现僧相，例称禅者，日本则无此限。名相与所证高低原无涉，但知名相为用之脉络，就不致轻易为人所乘。

② 通意指超于常人，能力无碍，其取得分报通、依通、鬼通、神通四者。报通指因于前世因缘果报而得之通力；依通则依于修行法术而得；鬼通指借由神怪而获得此能力；神通则指经由定慧修行而获得之通力。神通有天眼通、天耳通、天足通、他心通、宿命通五通，是佛与外道所共有；漏尽通，指诸漏断尽为无碍者，乃佛独有，故佛为六通具足者。

第五部 风光

禅者生命的「就在那里」，
体现了一个人人得以直证的悟道世界，
它是禅对世人最大的示现与慈悲，比诸于此，
再伟大的作品也得退居一旁。

一 简单中的真实

「简单过日子」确是宗门的共同道风，
一般人既颠倒于治丝益棼中，
对此境界自然神往。

佛法入中国至唐而大盛，其时八宗齐弘，但宋后，则由禅与净土共分天下，净土以其较普罗的性格广摄大众，禅则在文人阶层引领风骚。不过，净土虽普摄群根，却始终以宗教的面貌为人所认知；而禅则“大化无形”地沁入了文化的各领域，发展至后来，它作为修行法门的原点反常隐没不彰。

禅能“大化无形”，一来是因为它那“没有立场”的立场，所以能“不著一字，尽得风流”；另外，则更由于禅者生命风光朗然，恰足以济常人之偏枯，不信佛、不知禅者对此仍不免悠然神往，不知不觉间禅就沁入了他的生命。

禅的不拘立场，让人有抖落的释然。抖落可以是一拳粉碎乾坤的气魄，可以是超越惯性的跳跃，也可以是“有缘即住无缘去”的不忮不求，但无论如何就是不能叠床架屋、头上安头。因此不管机锋如何，“简单过日子”确是宗门的共同道风，一般人既颠倒于治丝益棼中，对此境界自然神往。

简单过日子的生涯是随缘的生涯，所以百丈怀海有诗云：

幸为福田衣下僧，乾坤赢得一闲人；
有缘即住无缘去，一任清风送白云。

所谓随缘，关键就在这“任”字，有了这“任”，自然得闲。这“任”并非无所作为的自然外道，是体得因缘的随缘作主。人间事本多的是：自以为是、自取烦恼，所以云盖智本才会说：

一年春尽一年春，野草山花几度新；
天晓不因钟鼓动，月明非为夜行人。

的确，天该晓即晓，与更鼓催不催无关；月该明即明，与人夜不夜行无涉。如此，体得天道无亲，就不会无端作意，自寻烦恼，而在这天道无亲的体会中，禅者乃更能领略世事的浮沉尽为假相，就如山茨通济所说的：

春回幽谷见梅新，雪水煎茶乐不胜；
谁道夜深年是尽？晓来依旧日东升。

有了这种体认，即使处在红尘，自然也“百花丛中过，片叶不沾身”，一身朗然，什么事对自己重要就有不同的体会，没有葛藤缠身，生命的风格与风骨自然具现，就能在简单中体现令人心动的生命风华。

更有进者，人也只有在这种简单的生活中才能体会到何谓物自性，因为此时山河大地、草木虫鱼都将“直接”现前，所以“掬水月在手，弄花香满衣”，这是连诗人也难得的诗境！的确，禅者的生命常带有寻常诗人难得的诗意，因为诗正是当下的意象对应，而又有谁能较禅者更活于当下呢！

禅者的诗、禅者的当下，是抖落后的自在，是无心体道的显现，简单的日子、简单的风格，却像一泓清流般涤尽凡夫的复杂与颠倒，而当人能体会下面一首句子的“真实”时，禅其实也已在你身上显现：

午后的钟上，

一只蝴蝶。

二

无心体道的诗意

议论是思虑心之事，才学则有太多我执的卖弄在，只有与物冥合，入于直观，才有真实的诗境。

说禅与诗相契，一点不错，诗赖直觉，严羽以禅论诗的《沧浪诗话》说得好：“夫诗有别材，非关书也；诗有别趣，非关理也。”所以他诗主盛唐，认为“盛唐诸人，惟在兴趣，玲珑凑泊，迹不可循”，而江西诗派则“近代诸公，但作奇特解会，故以议论为诗，以才学为诗，夫岂不工，盖于一唱三叹之音，有所歉焉！”的确，议论是思虑心之事，才学则有太多我执的卖弄在，只有与物冥合，入于直观，才有真实的诗境。

开悟是契入全然直观的世界，它与诗境相契是自然之事，但禅的诗境更有无心体道的风光，原因之一是许多诗人以作诗为专业，不免因酬酢、雅集而为，也常拘于诗的格式来完成作品，所以要五言、七言、律、绝等，总求其结构、意思的完整，但禅不然，应缘而生，缘过即灭。此外，禅者全体生命的直观与未悟者的偏于一根一尘，毕竟不同，所以诗境里显现的朗然、生机也与一般诗人有别。

无心而应缘让禅诗常从不经意间得手，“掬水月在手”是许多人都有的经验，但我们却让月每次从手中溜走；人人都吃饭睡觉，可了庵清欲却“闲居无事可评论，一炷清香自得闻。睡起有茶饥有饭，行看流水坐看云”，到这地步，自然落花流水皆文章。

写的是小事，体的是大道，由小见大，正是禅风的迷人处，石屋清珙有诗云：

半窗松影半窗日，一个蒲团一个僧，
盘膝坐来中夜后，飞蛾扑灭佛前灯。

小大无隔、动静相宜，所以天柱崇慧谈佛法的存在是“万古长空，一朝风月”，只有透过一朝风月，才能谛见万古长空，但一朝风月也不仅是世俗意义下的一朝风月，它究竟有个万古长空的本源及本质，无心之下有真意，小而澄澈却直扣平等一如的大道。寒山的诗说得好：

微风吹幽松，近听声愈好。

要如此，前提是能闲，禅的闲在相对上是去掉杂芜旁枝的闲，根本上，更是那“绝学无为”的闲，这种闲自在不动，就中有真正的从容，人到此才突然发觉无情都在说法，所以能感受到：

泣露千般草，吟风一样松。

禅者有本质的诗情，因此不只在运水搬柴、吟风弄月间具现诗意，接引时自然也用上了诗句：

人问风穴延沼："语默涉离微，如何通不犯？"

师曰："常忆江南三月里，鹧鸪啼处野花香。"

对风穴而言，你想要超越语默动静如何不背于道的哲学思辨，唯一之路就是直接契入那如实的诗境，因为只有此时才称得上真正的"无心"，长沙景岑[①]的问答就最能体现这样的境界：

游山归，首座问："和尚什么处去来？"

师曰："游山来。"

座曰："到什么处？"

师曰："始随芳草去，又逐落花回。"

① 长沙景岑（788—868）：唐禅僧，南泉普愿法嗣，虽机锋敏捷峻峭，人称虎和尚，但亦以平常心显其透脱，如知名问答：僧问："南泉迁化向什么处去？"师云："东家作驴，西家作马。"云："此意如何？"师云："要骑便骑，要下便下。"

三

道不远人的亲切

禅师以日常事务接引，更让人觉得法本亲切，道不远人，可机用却尽在其中……

体得无情说法，禅者处处都见诗意，但法的体会何只在山河大地，语默动静、行住坐卧都应是法的直接呈现，而这“运水搬柴，无非大道”也是禅特别迷人之处。

宗教都讲超凡入圣，这是生命的追求，超越是宗教的原点，凡夫在此似乎只能崇敬与膜拜，但佛法不然，人人可以成佛，宗门则更往前一步，它要“不二”“无别”。毕竟，只有向上一路，超圣回凡，才能凡圣两忘，因此，若不能道在日常功用间，就不须谈禅。

“平常心是道”语出南泉普愿，赵州有次问南泉：“如何是道？”泉云："平常心是道。"州云："还可趣向不？"泉云："拟向即乖。"不拟向就不会起圣凡之别，南泉的弟子长沙景岑讲得更直接：

问："如何是平常心？"

师曰："要眠即眠，要坐即坐。"

曰："学人不会。"

师曰："热则取凉，寒则向火。"

所谓平常心不是日常浮动的心，是不起分别的平，不随物转的常，当下就是绝对，因此才能在日常机用中具现禅机。赵州从谂把这发挥到极致，人家问他："万法归一，一归何处？"他回答："老僧在青州作得一领布衫，重七斤！"同样家风更在他的"吃茶去"中：

师问新到："曾到此间么？"曰："曾到。"师曰："吃茶去。"又问僧，僧曰："不曾到。"师曰："吃茶去。"后，院主问曰："为什么曾到也云吃茶去，不曾到也云吃茶去？"师召院主，主应喏。师曰："吃茶去。"

后世谈禅门接引中的名则有"德山棒、临济喝、赵州茶、云门饼"，这"吃茶去"就成了其中的一则，它不只拈提出平常心是道，还具体成就了茶禅一味的茶道。

茶禅一味常被人讲得很诗意、很极致、很玄，但对日本茶圣千利休[①]而言，所谓茶道却仅仅是"夏凉之，冬暖之，炭煮水，茶好喝，尽在其中"，重要的是这些能否都在三昧[②]中进行。所以利休以此话答问者，问者以为：

“这些谁不知道！”利休乃说：“那就请你试试，如果行，我做你徒弟。”

的确，禅者生命风光所夺人眼目的不尽是诗境的意象、杀活的凛然，在平常事物中具现的三昧，往往如一缕幽光般让人不自觉地入于当下，而禅师以日常事务接引，更让人觉得法本亲切，道不远人，可机用却尽在其中，例如：

池州嵇山章禅师，曾在投子作柴头。投子吃茶次，谓师曰：“森罗万象总在这一碗茶里！”

师便覆却茶，云：“森罗万象在什么处？”

投子曰：“可惜一碗茶！”

这故事让我想起年轻时在禅寺的一段经验，当时每天早上四五点就得起来铲竹笋、氽烫开水后下饭吃，吃前当然得合十念佛。有次我就直接对此提出异议，以为笋既为自己辛苦所铲，何必谢佛，但和尚的回答则是：

哪里在谢佛？合十一念，正是要一念地享受此餐。

覆茶、吃饭，果真道不远人！

① 千利休（1522—1591）：日本战国时期人，出身城镇商家，三百年来发展的日本茶道在其身上总结，以“和、敬、清、寂”括提日本茶道，茶禅一味，被尊为“茶圣”。流传事迹颇多。

② 三昧：又译三摩地，意为定或正受、等持，心定于一处故曰定，正受所观之法故曰受，平等保持心，故曰等持。总之，言道人正心行处，即曰三昧，后来也引申为指事物之真意。

四 无修无整的自在

随顺世缘的极致，
就是涅槃与生死一如的境地，
所以无修无整，
不须如俗情般地无事找事。

从外相可以窥见内涵，形态学的研究即由此而来，而在佛教造像世界里，怎样的造像也映照怎样的信仰与修行。一般来说，佛陀造像为诸家所共立，菩萨则在汉传佛教里成为主角，明王为密教的专利，至于罗汉——包含经中的声闻、缘觉[①]以及历史中的祖师，则只能立于胁侍之位。不过，其他宗派虽如此，禅则不然，禅堂不立佛像，有的只是祖师像与法语。禅艺术中的人物，更多的是在画罗汉与祖师，在此，佛隐微，菩萨退位，明王不存。

这样的造像特征显现了禅“廓然无圣”的标举，圣像不存，有的只是一些性格的行者，而这性格主要则以不依惯性与无修无整的两种特质来显现。

说不依惯性，你看那罗汉个个长得奇形怪状，不按规矩。有的头大如斗、有的骨瘦如柴、有的大腹便便、有的五官纠结。总之，现实中你若遇到这样的人肯定要吓一跳，但他们的共同特征则是自由自在，似乎一点也不在意别人怎么想他。也因此，古怪突梯反而转成一种风格趣味，让人在其中寻到超越俗见的畅快。

禅造像的不依惯性不只出现在那些经典所述的十六罗汉、五百罗汉中，即连历史里清楚记载的祖师也与一般圣者宝相庄严的形象相差甚远。在画家笔下，达磨有铜铃般的眼睛，虬髯，戴着大耳环，一脸胡像，可怪的是，虽然身体粗壮，一看就有武功，但你怎么样也无法将他与武夫连在一起，就那两眼一瞪，所有虚相只能无所遁形。然而达磨是胡人，胡像也就罢了，梁楷[2]画的六祖，却仍是个十足的野地粗人；至于大家常看到的寒山、拾得更不用说了，“多能鄙事”正是他们的特征。

这超乎惯性的圣者形象撞击了我们对平凡的一般观点，但颠覆的本身并不颠覆，这些罗汉祖师只不过以一种最纯然“无修无整”的态度在活着，所以无所谓分别世界里的圣与凡、好与坏、高与低、悲与乐。这种离于两端的境界正是禅者极致的生命风光，可以照见常人头上安头的颠倒无明，也难怪我们会被引出惯常的俗见世界，得到平日难得一见的畅快与安然。

张拙有一首知名的禅诗：

光明寂照遍河沙，凡圣含灵共我家，
一念不生全体现，六根才动被云遮，
破除烦恼重增病，趣向真如亦是邪，
随顺世缘无罣碍，涅槃生死等空花。

随顺世缘的极致，就是涅槃与死生一如的境地，所以无修无整，不须如俗情般地无事找事。世人逐念，所以烦恼重增，悟者当下，因此风光尽现，罗汉生涯、祖师风光体现的就是这样一派当下的风光。

无修无整的禅风并不一定落于世人眼中的奇、怪、拙，它一派天然，可平常，亦可风流，总以无法对万法。无修无整也不是自然外道，它在寻常事里见游戏三昧，身为主人翁的风光朗然，所以生命力十足。

① 声闻、缘觉：声闻指亲闻佛说法而得道者，缘觉指自悟十二因缘法而得道者，在佛家十种生命层次中属于“四圣”的范畴，但其位格次于佛、菩萨。

② 梁楷：南宋画家，生卒年不详。性嗜酒，狂逸不羁，人称“梁风子”，师事贾师古，描写飘逸，善山水、人物、道释、鬼神，以减笔写意，达至极致，以一胜百，传世名作有《李白行吟图》《泼墨仙人图》《六祖撕经图》《布袋图》等，在人物画史上有不朽地位，其所作禅意十足，与八大为历史中两位禅意浸染画作最胜的大家。

五　智者的幽默

禅的幽默当然不只体现在圣凡一如的自我揶揄，它更在接机时具现种种的游戏神通……

相较于其他宗教艺术，禅艺术中“自我揶揄的趣味”应该是它最不共的一项特质，因为宗教讲超凡入圣，而神圣与颠覆既是对应的两极，宗教之不容许颠覆乃理所当然。也所以，它总严明内外，虽不一定就将其他信仰皆视为“非我族类，其心必异”的邪说，但对教徒来说，护教仍是不容置疑的基点。

不容许他者颠覆的宗教，当然更不允许自己将自己颠覆掉，所以要宗教有内部自发的改革总较困难。但禅不然，禅的体现弘布，可以“不著一字，尽得风流”，而其极端，甚至谈个佛字，还得漱口三天。因此，拿自己来开玩笑，正是禅师的拿手好戏，毕竟，不如此无以具现宗门之活泼，不如此，难以体现圣凡一如的境地。

罗汉像是禅艺术自我揶揄的典型，这些行者个个长得三分像人、七分像鬼，修来修去，就修成这个，岂非拿自己开玩笑！不过，禅的玩笑可不比那一般日常的随兴自嘲、刻薄讽刺，罗汉的神情、语态总透露着一种动人的幽默，能让你从中谛观出几许实相来。

其实，禅何只是幽默自己，它要穿透的是众生共有的无明，只是，指着人家说无明，何来“自照无明”的透彻及具说服力，但“自照无明”对宗教乃至所有欲为人师者，又何其难也！

禅的幽默当然不只体现在圣凡一如的自我揶揄，它更在接机时具现种种的游戏神通，即使在禅最迷人的生命风光——死生的超越上，禅也一样幽默以对。所以邓隐峰欲示灭，却先问众曰：“诸方迁化，坐去卧去，吾尝见之，有立化也无？”众曰：“有。”他仍继续问道：“还有倒立者否？”众人说：“未尝有。”于是邓隐峰就“倒立而化”。连死，也要开个玩笑。同样，妙普庵主欲“入水而逝”，所持的理由竟只是“坐脱立亡，不若水葬，一省柴烧，二省开圹”。

禅的幽默来自它那超越惯性的直契。日本仙厓禅师的时代，有规定女性日落后不准入城者，造成出家众很大的困扰，因为出家众并无男女相，晚上入城，要被搜身，既于僧家威仪有损，对比丘尼更属尴尬之事，而仙厓呢？一日仙厓临晚进城，他大剌剌地走至城门，卫士正要持枪喝令他停步受检，仙厓却突地把袈裟往上一掀，大喝一声：“男的”，卫士顿时瞠然，不仅被禅家气势所慑，眼前的景象更颠覆他们原先认知的一切——袈裟之下是光溜溜的身子。而就在这冲激错愕中，仙厓则已朗然大笑地入城去了。

诚如仙厓所示，超越惯性是其一，直捣黄龙又其一，禅的幽默总有那截断思虑与凡情的畅然，而有此基点，禅史乃不乏一休、仙厓这样的禅师。

当然，幽默也可以从平淡而出，这时候就另有一种疑情，志芝庵主的诗：

千峰顶上一间屋，老僧半间云半间；
昨夜云随风雨去，到头不似老僧闲。

谈的是云，更是众生，而闲的老僧仍不免多事且自得，还如此赋诗一篇，真乃层层引进，令人莞尔。

六 超越的畅快

不为惯性所缚是禅的基点，只有这样才能谈到真正的超越。

禅，可以不著一字，尽得风流，因此，对禅会心、欣赏于禅的乃不一定尽是禅子。就一般人来说，即使不依禅而修，同样能在禅的行仪问答中领略到一种超越的畅快。

超越是宗教的根本事，但一般宗教为求超越，最先却反而有了种种的规范与戒律，而这种规范与戒律在信者与不信者间，就形成了一种樊篱，障碍了教外人的领略。于是，要宗教幽默难，要宗教自我揶揄更难，但对禅来说，这都是一种局限、一种惯性，无以体现真正超越的风光。

不为惯性所缚是禅的基点，只有这样才能谈到真正的超越，禅的离于惯性，在禅语言、禅行为中随处可见，这是公案语录、机锋转语最迷人之处，也所以说，只要一涉思虑、一落埋路，就离禅远矣！而尽管一般人不一定能实然现量地抓住这些语言行为的真义，但不落惯性的本身往往就为观者打开了一片窗，让他感受到超越俗套的清新。

然而，禅的不落惯性、禅的超越，其最根本、也最全面的还在对禅、对佛、对神圣，也就是对自己的否定，到了这个地步，禅就不只是一种幽默、一种无伤大雅的会心，而是拿自己所立的基石开刀。

云门的“干屎橛”是最直捷的自我否定，人家问他什么是佛，他说是那揩大便后晒干、又臭又硬的竹片。如此以天下之至卑举天下之至尊的例子，过去不是没有，庄子的“道在屎溺”就是一例，但道在认知上毕竟比较抽象，佛则是活生生的生命，是可以与云门直接连在一起的觉者，可云门的回答竟是如此干脆的三个字：“干屎橛！”

然而，超越“佛名”还属容易，超越“佛相”就更困难，丹霞天然的烧佛典故因此成为逸出禅典外的美谈：

于慧林寺遇天大寒，取木佛烧火向，院主诃曰：“何得烧我木佛？”师以杖子拨灰曰：“吾烧取舍利。”主曰：“木佛何有舍利？”师曰：“既无舍利，更取两尊烧”，主自后眉须堕落。

这样的超越已是骇人听闻，但犹可从名实之间强作人解，毕竟，造像只是个名，而非实，可南泉斩猫又不然，他真劈实然，让你完全无法躲闪：

师因东西两堂争猫儿，师遇之，白众曰："道得即救取猫儿，道不得即斩却也。"众无对，师便斩之。

"南泉斩猫"虽非一般所能解，但谈及此事许多人却仍有超越的畅快。当然，禅的"颠覆"并非一般的颠覆，它是彻底解脱认知与行为惯性的结果，是本心应缘的当下直抒。而由于没有"作意"，观者自不能东施效颦。毕竟，禅必得对应人、事、物的当下，天然可以烧佛、南泉可以斩猫、婆子可以烧庵、仙厓可以掀衣，但学子只要如此模仿，就落了套。

禅的超越惯性及于生命的各层面，宗风不一定如天然、南泉般的峻烈，像梁武帝请傅大士[①]讲《金刚经》：

士才升座，以尺挥案一下，便下座，帝愕然。圣师（宝志禅师）曰："陛下还会么？"帝曰："不会。"圣师曰："大士讲经竟。"

宗风虽不骇人，却一样能让泥于教下、泥于文字相者顿脱葛藤，一时畅快。

① 傅大士：傅翕，南朝梁武帝时人，与宝志同为达磨未来东土之前的禅门先行者。其偈"空手把锄头，步行骑水牛；人从桥上过，桥流水不流"，铜墙铁壁，抖落凡情，为禅之离于思虑常被拈提之语。

七

粉碎虚空的气魄

若真要说习禅有所谓上上根器，则它最重要的特质更在求法的气魄，因为这个特质不只贯穿于悟前与悟后，还真是欲臻悟境的关键。

南泉斩猫、天然烧佛、仙厓掀衣，禅里流传着太多畅快的故事，但这畅快可不是基于一时兴起，没有了气魄，这等突破、这等超越就不可能。

禅的气魄是禅修行自始的特征，要有尽其一搏的决心才敢选如此“自力”的法门，无论参公案、咬话头，乃至坐禅时“一坐下即如大地立桩，虽山摇地动犹不稍改”，这种种都标示着佛教“大雄”精神最直接的体现正在于“禅”。

禅的气魄更具现在开悟后“大地平沉，虚空迸裂”的现量体会，这时一方面体得“朗朗乾坤，不与万法为侣”，另一方面又觉“万物与我同根”，于是一切因有为法而致的差别与恐怖乃烟消云散，魔来魔斩、佛来佛斩亦成自然之事。

这种气魄对生活在葛藤缠身、顾忌恐怖的常人来说，是最大的吸引，人也在此才真感受到禅的不共。

这样的不共未悟者学不来，临济义玄在答凤林问："观风知浪起，玩水野帆飘"时，回以"孤轮独照江山静，自笑天地一声惊"，正是此种境界的最佳写照。"孤轮独照"就如百丈的"独坐大雄峰"般，有"天地之大，即此一人"的不动，"自笑一声天地惊"则更有"粉碎虚空、尽纳山河"的气概，这等生命风光的直抒，可非寻常诗家所能写得来。

同样的例子从李翱写药山惟俨的诗也看得出来：

选得幽居惬野情，终年无送也无迎；

有时直上高峰去，月下披云笑一声。

这披云一笑是开悟时的笑，所以声传三十里，划破乾坤，显大自在。而在有了这种气魄后，回过头来重新看看所谓的棒喝，自然是随心而为乃至小儿科之事了。

在禅的气魄中，是不许把佛法当人情的，所以二祖慧可立雪及膝，达磨竟回以"岂以小智小德、轻心慢心，欲冀真乘"；连弘法度生，大慧宗杲也认为只有在"桶底脱落天地阔，命根断处碧潭清"后，才"好将一点红炉雪，化作人间照夜灯"。

许多人总喜欢说习禅的人必须是上上根器，因为"向上一路，千圣不传”，而所谓上上根器乃是一超直入如来地的资质，原已智慧具足，其实不然。若真要说习禅有所谓上上根器，则它最重要的特质更在求法的气魄，因为这个特质不只贯穿于悟前与悟后，还真是欲臻悟境的关键。

更进一步说，生命的大气魄又何止贯穿在禅者的悟前与悟后，它还标示且决定着宗门的盛衰。中国佛教在宋之后走入诸宗融合之路，到了永明延寿的《宗镜录》[①]更集其大成，学者常以此为禅史发展的一个巅峰，但就禅的体践来说，到此地步已是宗风尽失，也预示了它往后的衰微。

流传极广的〈四料简〉传为永明延寿所：“有禅无净土，十九久蹉路；阴境若现前，瞥尔随他去。无禅有净土，万修万人去；但得见弥陀，何愁不开悟。有禅有净土，犹如戴角虎；现世为人师，来生为佛祖。无禅无净土，铁床并铜柱；万劫与千生，没个人依怙。”对此，姑不论修行人究该如何融合二宗，但若有此“买保险票”的心理，就已无法将参禅逼至悬崖处，所谓“打得凡心死，许得法身活”“悬崖撒手，绝后再苏”自不可能。

后世禅宗言道者多、证道者少，野狐、口头充斥，而多数寺院虽以禅为名，却净土其实，说来，这种法门的衰微，根源却也都在气魄的丧失啊！

① 《宗镜录》：宋禅僧永明延寿著，凡一百卷，书中引教典与语录、论著，集中精于法义之华严、天台、唯识三宗学者参与讨论，而以心宗为准，以补轻视义学之弊。

八

时间之流中的作主

这「日日是好日」正是禅的超越，毕竟「时间」只能自「当下」承担，而非让它停止，让事物永存。

宗教是为死生大事而存在的，在常人眼中，死不只是世间一切的结束，也是时间之流的终点，时间因此永远是修行人观照的焦点。有句话说：“人一出生就已开始步向死亡”，反映的正是我们拥有的时间总是有限，而时间又绝不随我们的主观意识而留，它在每一状态中毫不留情地溜走，生命之流中我们注定是输家，所以才会有长生、永生、了生脱死的宗教追求。

然而，虽说超越时间的障碍一样是禅修行的核心，但禅对时间的观照则大有不同，长生、永生在禅来说都只是一种妄念，因为这里隐含着自外于时间的思维，而万事万物却都是变动不居的，三法印讲“诸行无常、诸法无我”，长生、永生恰与此相反，因此，要在这里得到究竟解脱并不可能。

体会万事万物的变迁不居，在缘起法中“随缘作主”才是真正的解脱之道，所以有一天云门示众云：“十五日以前不问汝，十五日以后道将一句来。”随后他自代云：“日日是好日。”这“日日是好日”正是禅的超越，毕竟“时间”只能自“当下”承担，而非让它停止，让事物永存。

其实，时间对生命最大的“摧折”固在死生夭堑，但一般人更因时间的难以掌握而早已在“追悔着过去，寄望着将来”中度日，因此就离开了脚下，无法领略现前的风光。本来，生命就该像“春天的花、夏天的鸟、秋天的枫、冬天的雪”般，在每一刻显现它绝对的意义，可多数人处于秋日的斑斓却仍艳羡春天的璀璨，既无以面对时间的流逝，仓皇、失节、踉跄而活乃在所难免，如此，在未达死生夭堑前，时间则已消磨了人的一切，成为痛苦之源。

有句禅语说：“识得时间的奥秘，才是大悟底人”，而所谓“识得时间奥秘”，正如“僧问钦山文邃曰：‘一切诸佛与诸佛法皆从此经出’，如何是‘此经’，文邃曰：‘常转’”般，悟者的生命风光正是在“春花、夏鸟、秋枫、冬雪”的不同中体现，如此时间就变成正数，当事者乃能“一日有一日的领会，十年有十年的风光”。

禅的当下虽非寻常人轻易能得，但“当下”一词则已成为大家所认知的禅特质，禅者如诗的风光，“运水搬柴，无非大道”的日常功用，乃至境界现前时的粉碎虚空，都为学人标示出何谓当下。

其实，禅的时间观照并不仅止于此，在每一当下中完成缘起，又在缘起之流中体现时间积累的风华，“得其当下，尽其一生”才真是禅者的生命写照，如此自然乃久乃大。

时间的观照最终当然会具现在死生的面对上，人生是一出戏，而悟者正是最好的观众与演员，戏未落幕前不仅不怕未来将落幕，甚且还期待着幕落的来临，因为只有到此，整出戏的全貌才能显现。这种心情常人难解，但行者却在此超越了对时间的恐怖。

有人说，时间是生命最大的敌人，但在禅者，就因有了时间的流动，才有无尽缘起的华严世界，圣凡之别，关键就在于此。

九

不动的从容

不动的从容是禅生命风光的基点，它让禅者应物自闲，令人欣羡，但不动的从容更使禅者有着寻常人未见的孤朗。

禅者能当下、能缘起，能一日有一日的领会、十年有十年的风光，甚至可以死生一如，这些都不是从散乱心中体会所谓的时间意义可得，没有离乎生灭的现量体会，没有“万年一念[①]”的实证工夫，要超越时空之流，正属痴人说梦。

人问天柱崇慧“达磨未来此土时，还有佛法也无”，天柱要他“未来时且置，即今事作么生？”问的人不会，天柱崇慧则回答了一句留传千古的禅语：“万古长空，一朝风月”，将悟者“能观而不动”的境界做了最深的拈提。的确，没有不变的万古长空，就无以映现动人的一朝风月，长空如体，风月如照，无照不足以显体，无体不足以起照，所以说随缘不变、不变随缘。因此，在禅者应缘的背后，仍须看到这离乎生灭、起落、差别的一如与不动，否则随缘就成逐物，应缘即起妄心。

“万古长空”让禅者生命有不假外求的从容，本自具足，随缘应现，不须心外求法，生命自然从容。这从容不是世俗意义下的镇定或不疾不徐，也非对事物已然把握的成竹在胸，它是在根本不动上直接散发出的一种生命质地，禅者之所以可以温和、可以峻烈、可以欢喜、可以严厉，却不致因之颠倒，就拜这根本质地所赐。

根本质地的不动，不是相对的不动，禅者必须直证傅大士所说：“有物先天地，无形本寂寥；能为万象主，不逐四时凋”的境地才行。这种从不动本心而生的从容，并非一般应对环境的从容，它像镜照万物而不动般，不动成为应缘的基点，到这时，才能“百花丛中过，片叶不沾身”，否则，任何“酒肉穿肠过，佛自在心头”的标举都属欺人之谈。

禅的宗风诸家不同，但就是有了这不动的从容，才能或当下领略天地之大美，或自然具现不与万法为侣的气魄，谈禅因此必须“不以万古长空昧却一朝风月，亦不以一朝风月不明万古长空”，两面并举，才得见悟者的真正风光。而许多禅语、禅诗所映现的也正是这样的体会，寒山的“泣露千般草，吟风一样松”如此，张九成的“春天月夜一声蛙，撞破乾坤共一家。正恁么时有谁会，岭头脚痛有玄沙”也一样，毕竟，就如芭蕉俳句“古池／蛙跃／噗通一声”所示的那般，没有古池，蛙跃也就不具任何能量了。

不动的从容是禅生命风光的基点，它让禅者应物自闲，令人欣羡，但不动的从容更使禅者有着寻常人未见的孤朗。一般人颠倒逐物，生命总见局促，禅则当下领略、圆满具足，所以，即使不直接应缘于特定事物，禅者本身就散发着一种令人欣羡的生命风光。正如寒山诗所言：“石床孤夜坐，圆月上寒山”般，禅者生命最令人动容处往往不在那跳跃的智慧、活泼的应缘乃至慑人的气魄，而是他的“就在那里”。这“就在那里”如此孤朗，让我们想起弘一的“华枝春满，天心月圆”，临济的“孤轮独照”，也让我们想起船子的“满船空载月明归”，它使学子安心，使公案再现，使死句变活，让众生相信佛法果真在眼前，而所谓“独坐大雄峰”在气概外，也应作如是参。

① 万年一念：指超越时空有无长短对立的现量境界或工夫。

十 剑客、诗人、老婆

悟者有共同的生命风光，
也有各自的应缘特质，
「路逢剑客须呈剑，
不是诗人莫献诗」，
这是禅者自知及应缘的智慧。

悟者有共同的生命风光，也有各自的应缘特质，针对这些特质，我曾经以诗人禅、老婆禅、剑客禅形容他们，这点分野当然不足以体现禅者生命风光的全貌，但对禅主要的面相，从其修行落点到宗风呈现，则多少提供了一个清晰的图像。

所谓诗人禅，是体现禅的当下风光，在当下具现美感，禅者的生命就像一首诗般，引人直接入于直观的世界，而要契于此，“无心体道”就是个关键，默照工夫在此最能得力。所以我们读天童宏智的《天童正觉禅师语录》会发觉，其中的机锋转语竟都是一句句、一首首优美的诗，例如:

欲问春消息，梅草自不知。

夜月有辉含古渡，白云无雨裹秋山。

望断冥鸿没处秋，苍苍一色天连水。

月色和云白，天容带水秋。

户外有云从断径，坐中无照胜然灯。

相对于诗人禅美感的令人神往，老婆禅就显得机关不露，它如愚如鲁、含光混世，却绵绵密密、老实生活，所谓“运水搬柴，无非大道”正此之谓，这种家风看似平常，却最回到行者本分，如：

白居易见鸟窠禅师问何谓佛法大意？鸟窠答以“诸恶莫作，诸善奉行”，白居易认为：“三岁孩儿也解恁么道”，鸟窠却回以“三岁小儿虽道得，八十老翁行不得”就是一例。

老婆禅老婆心切而诉诸平常，赵州的“吃茶去”就如此，不过，在这平常中更有不平常处，它往往能绝学人思虑，纵饶你学富五车，就如德山想点点心，遇到婆子问：“《金刚经》云：过去心不可得，现在心不可得，未来心不可得，未审上座点哪个心？”般，绵绵密密，千针不进，一下子就将你拉回修行的原点。

老婆禅谈日常功用，修行重点就在于作工夫，能在寻常起用，“全体即是”，行住坐卧、语默动静常行观照，才有可能在无功用中起大功用。

剑客禅是“路逢剑客须呈剑”的世界，显现的是禅“粉碎虚空”的气魄，禅向上一路，千圣不传，因此得有“两刃交锋不须避，好手犹如火里莲”的气魄才行，佛魔俱遣，生杀同时。离开了这两刃相交的世界，禅最重要的特质就不见，最引人注目的生命也不存，德山棒、临济喝、天然烧佛、南泉斩猫、婆子烧庵，随手一拈，许多动人的风光都在于此。

剑客禅风在修持上必须有参话头的全身投入，也可以在“只管打坐”的“独坐大雄峰”中证得，学子虽不见得人人适合此禅风，却必得心向往之，在此最可以看到超越无明世界的可能，当然，这种禅风与一般狂禅之别是不可以道里计的。

人问陈尊宿：“如何是曹溪的的意？”他回以：“老僧爱嗔不爱喜。”又问：“为什么如是？”他回以：“路逢剑客须呈剑，不是诗人莫献诗。”这是禅者自知及应缘的智慧，不到此不能为师，而学人同样也得了解自己到底适合怎样的禅风，啐啄相应，悟道才真可期。

十一

生命之全体即为艺术之自身

禅不是卖弄学问之事，
也不是美感呈现之事，
它是整体生命的投入。

禅迷人，因为它有那特有的跳跃语言、隽永逸事、活泼宗风及逼人气魄，但禅最最迷人的还不止于此，禅者的“就在那里”，也就是生命整体显现的“存在”，往往才是它最吸引学人之处。

宗教谈全体之超越，这全体必得起自自身，也必得及于自身的每个面相，所谓跳跃的语言、隽永的逸事、活泼的宗风、逼人的气魄，都只是这整体超越、应缘接机的一种显现，迷人固迷人，放回生命对死生天堑跨越的追求、对全体超越的向往，它们对学人的撞击也只在发挥一种片段之机，以让学人多少得窥“全体是悟”的生命境界而已。

所以说，谈悟者的生命风光，若仅止于一种能力的欣赏就可惜了。许多人谈禅，谈它的机锋、它的美感、它的简约、它的气魄，但为何永远难脱那语言的卖弄、诗情的耽溺、素人的外貌、狂放的皮相，原因就在于此，毕竟，没有涉及生命自身、没有涉及生命全体，是谈不上禅的。

要涉及自身就要不离体践，要涉及全体就得彻底翻转，禅不是卖弄学问之事，也不是美感呈现之事，它是整体生命的投入。学佛人常喜辨正学佛与佛学的差别，就因没有实践的学佛，所有归纳、演绎都将落空，在禅更是如此，禅学研究较之佛学研究的危险性更大，假象更多，以概念谈离乎思虑的世界，用说他人之事的姿态谈生命全体投入的修行，自然处处都是误区。

误区在学问，误区更在美感。

相较于佛教诸宗乃至其他宗教，禅应该是与艺术特质最接近的了。一般宗教谈戒律、谈平等一如，恰恰与艺术谈解放、谈爱憎有别不同；但禅不然，它打破一切局限，直契自由之境。所以艺术家爱禅，禅艺术也成为艺术类别中形貌明确的一支，艺术家在此汲取智慧、触发灵感，欣赏者也在此作美感的优游，禅在许多地方因此不尽是学问，它更是“美的事物”。

的确，禅是具有最“直接”美感的宗教，它体现的美轻易地就跨越了宗教与文化的局限，让许多人“直入禅中”，不过，这也造成一个严重的误区，以为如此就是禅，忘记艺术与修行在生命超越上的一个最大分别：前者系藉由作品来完成，后者则就自身来超越；一个以偏见圆，凸显单一感知或情性，一个全体超越，直证六根互通的圆融。

也就是有这种差别，禅者真正且最大的艺术显现乃在他生命的本身，我在自己的中国音乐人文著作《谛观有情》中，就曾写下这样的一段话：

艺术路上，我最欣羡的是那些在行住坐卧、语默动静显现深刻宗风的禅门巨匠，因为在他们身上，“生命之全体即为艺术之自身”，比诸于此，再伟大的创作者也得退居一旁。

的确，最伟大的艺术是以生命直接完成的艺术，在马祖道一、临济义玄、天童宏智、性空妙普、仙厓义梵等大家身上，我们都见到了这种完成，而即使非禅门中人，近代的弘一法师让我们悠然神往的，又哪里是“三宝歌”“送别歌”？还不就是那“华枝春满，天心月圆”的体现。谈禅的宗风，行者可千万不要忘了这生命全体的原点。

十二 兵法何严厉

教禅时，「兵法何严厉」是许多人对我提出的疑问，但其实这也是我面对禅风不振、遥想祖师宗风的深沉喟叹！

禅就历史、修持而言，自是佛教的一宗，但就开启佛性来说，它却是穿越宗教与文化樊篱的，其影响乃远远超越了狭义的宗教范畴，广及于生命的诸般面相。而此种根柢性、普世性、沁入性，则使许多没有佛教或宗教信仰的人对禅也显现出高度的兴趣，将禅介绍至西方的，甚至还不乏基督的信徒或神职人员。

相较于佛教诸宗乃至其他宗教，禅的这种特质自是一种殊胜，但凡事有利必有弊，禅也常因之被直认为就是种美感的体验或生命的教训而已，却忘了它作为修证法门的原点。也所以尽管太虚法师[①]认为中国佛教的特质在禅，但禅愈沁入文化、愈显现美感、愈成为“生活智慧”，它在中国就愈为没落。宋之后的禅基本上正是沿着这样的一条路在走着，以至于，愈到后来乃谈禅者愈多、习禅者愈少；及至今日，新写的禅书更几乎都已变成一种美感书、励志书乃至趣味书了，语录、公案的直参、修证法门的了解与体践，对一般人来说早已隐没不彰。

更有甚者，这种禅本质、禅原点的流失还不止于一般人，尽管宋之后，天下寺院几乎不入于净，即入于禅，但末世思想既浓，禅寺只弘净土的情形更已成为普遍现象，禅的淹没不彰在行者身上乃依然。

就因有这种情形，以台湾汉传佛教之盛，这二十年来也得面对南传与藏传佛教的迅速兴起，毕竟就实修而言，南传的论理与修证单纯而明确，藏传则系统而丰富，相形之下，一句弥陀虽说可以赅三世、涵六度，却总让人觉得太避难趋简了。此外，从信仰的角度来说，弥陀信仰与外教信仰有何不同，也常不易说清。于是汉传佛教无论是谈欣厌的净土，或谈不离世间觉的宗门，乃都面临了一种新的困境。

当然，从修行的原点来看，只要能解脱，本不必在南、藏、汉之间强多区隔，但汉传佛教——尤其是禅，的确在佛法修行、宗教体证上有它不共的地位，丧失了这一块，并不只是失掉所谓的“汉传”而已，而是离开了佛心的原点，“心外求法”的异化在佛教中势将更难避免。

有着这样的观照，禅的举扬就必得回到它的不共，回到它那不同诸宗“一超直入如来地”的体证锻炼上。而相对于教外对禅原点的未能认清，禅的传布一方面固必须避免那“啜饮一杯午后香醇咖啡”的浮面理解，另一方面更得避免心外求法、怪力乱神的外教依附。也正因如此，尽管这本书原只是专栏式的禅书写，我仍必须时时提醒大家，参禅是剑刃上行、冰棱上走，稍一放浪即丧身失命，而以两刃相交作总标题，更在提醒兵法严厉、无可躲闪的事实。

当代让人尊敬、实修实参的瑜伽士陈健民，曾以九乘佛法论从人天乘到金刚乘的佛法次第，不过，他的这种判教却不将禅列于其中，因为他以禅为“无乘”，认为“禅如鸟行道，无迹可寻”，这种说法一方面直指禅的活泼；另一方面也体现了禅的不共与殊胜。不过，所谓无迹可寻指的是无有定法、难谈次第，指的是开悟时节因缘的大秘密，并非没有锻炼的基点，而也只有掌握了这基点，体现禅在诸宗中的不共，禅的传扬才有可期。

教禅时，“兵法何严厉”是许多人对我提出的疑问，但其实，这也是我面对禅风不振、遥想祖师宗风的深沉喟叹！

① 太虚法师（1889—1947）：民国时期佛教革新运动的倡导者，主张废除佛教积弊，以弘教护国，进而兴国救世，一生倡导佛教革命，致力佛教事业，虽未竟其愿，但影响深远。

十三 一点红炉雪，人间照夜灯

实际悟者的存在正是宗门对众生示现的最大慈悲，
有禅者就有慈悲，
有悟者就有大用，谈禅门度世，
其实只在反求诸己。

佛教讲悲智双运，大乘佛教尤其以悲为本，要在无尽缘起中体现“无缘大慈、同体大悲”，认为只求自度反而无以解脱，必得是自度度人合为一体才行。

这是大乘佛教的殊胜，但虽说自度度人要合为一体，现实上我们却也得面对寻常人悲智分离的事实，毕竟，没有智慧的慈悲即可能导致以盲导盲的结果，所谓“本立而道生”，自己体悟的本若没有，度人自然成为空话。

那要如何处理这问题？在此，各宗有各宗的拈提：他力的宗派如净土、回归佛陀慈悲的本怀，只要将人引入常念弥陀即可；而自力的宗派就必须

“只贵子眼正，不说子行履”，要自己一定程度见正了，才不会错为人师。这样的分野并不代表着法门的高下，有人以为净土慈悲之门大开，副作用必少，这是简化了众生根性复杂的事实；而禅谈见正，看来虽难，却守住了一超直入、当下即是的殊胜。所以说，问题并不在自度还是度人，关键是学人如何去应对不同的法门，更何况缺乏了智慧、自力的标举，佛法传布与体证的失衡也必然可见。

看话禅的开山祖大慧宗杲曾有如此的禅诗：

桶底脱时天地阔，命根断处碧潭清，
好将一点红炉雪，散作人间照夜灯。

在禅而言，只有桶底脱落、命根断尽，行者才可能体现“红炉焰中雪一点”的一如世界，也才担得起人间照夜灯的度世事业。

禅的接引、禅的度世往往不在那有形的引人入佛门，更在那大化无形的熏染，这熏染可从禅语言、禅行为、禅艺术中得，但最根本的，是禅体现了一个人人得以直接证得的悟道世界，尽管这种悟道与究竟的觉位仍有别，但有了这个体证，成佛就不再必然是“理论中三大阿僧祇劫”之事，也不再一定是“过此十万亿佛土的极乐世界”之事，这对“堪忍世界”里的众生正是最大的砥砺与安慰。也因此，实际悟者的存在正是宗门对众生示现的最大慈悲，而禅子“不是一番寒彻骨，争得梅花扑鼻香”的锻炼，也正是对慈悲的最大付出，所谓自度度人，在禅就是以这样的面貌来存在的。如此，有禅者就有慈悲，有悟者就有大用，谈禅门度世，其实只在反求诸己。

体察及此，对于禅修行的不彰乃不仅要为禅门叹，即就整体佛法来讲，亦不只失掉了智中的核心，在悲里同样也少了大家无以取代的一环。

禅者何在？这是许多学佛者的疑问。悟系如何？更是想亲近禅的人所最关心。如果这些都不在，佛法就易沦为寻常的生命教训，禅就只是生活的趣味点滴。因此，无论是从智或从悲、从自度或度人，总要有真正的禅子，才有坚实谈到其他的可能。

禅的光芒曾在历史中璀璨过，于今则不彰，身为禅子，最重要的是生命的直接体践，即使须广结善缘，落点也应在使学人趋向这种体践上，而这本书所以不同于一般的禅书写，之所以用“两刃相交”为名，固与我自身的体践有关，也缘于这样的观照。

“禅者何在？”当年习禅的我曾为此发出热切的疑问，而在过尽千帆后，也希望此书的出现，能让大家的疑惑与感叹少上一些！

附录

剑与禅——两刃相交，是无所躲闪的

——林谷芳

死生的风光

谈日本文化，就不能不谈武士道。“言必行，行必果”，武士的行径像极了《史记》“游侠”“刺客”列传里的人物，而“忠君爱国”乃至不顾生命，则又让人觉得他们是儒家文化在封建时代里的典型。但以此两者，还不足以契入武士的真实生命。

如何使武士视死如归呢？不扣紧这问题是难以了解武士生命的，“言必行，行必果”“忠君爱国”都因它才有了彻底实践的本钱，而谈这 ，就不能不触及禅的锻炼。

禅，是以最明快直捷的态度来面对生死的，尽管无常迅速是佛子的共同体会，但意图在现世直接超越死生束缚者莫过于禅，它使死生大事永远是禅子的第一公案，而悟者的世界也必聚焦体现在这根柢天堑的超越之上，历代禅门宗匠最迷人的生命风光可说尽现于此。

元代的无学祖元就是个好例子。因避居元人之乱到温州的祖元，在温州陷元，寺僧逃避一空，个人独坐寺中，面对元军以刀剑临颈之时，却仍吟出“乾坤无地卓孤筇，且喜人空法亦空；珍重大元三尺剑，电光影里斩春风”的偈语，别人是死生之厄，他却人空法空，这种气概与彻悟，终使元军拜倒。

日本的快川绍喜也是个好例子。当织田信长的军队攻入快川的寺院时，他与一干弟子却在“安禅不必须山水，灭却心头火自凉”的禅诵声中安然“火定”，火焚竟可以如此沁人心脾。

唐代庞居士一家是另外的典型。庞居士“计划”于一日中午示寂，告诉女儿后，女儿却在他出门看时刻时，抢先一步登上父座，合掌坐亡，庞居士见了笑说：“我女锋捷矣！”越七天，有州牧于公来探病，庞居士为他说完法后，竟就枕在他的膝上也“去了”；庞婆见父女都走，跑到田里告诉儿子，儿子听完后竟也随即“倚锄而化”，庞婆便道：“你们都这样，我偏不然。”后遂不知所终。死生，在这一家子来说，真可以说是饥来吃饭困来眠之事！

宋代天童正觉显现的又是另一种风光。他活了六十七载，圆寂时留下了一首偈语：“梦幻空华，六十七年；白鸟淹没，秋水连天。”千古艰难唯一死的大事，在他看来，却如白鸟淹没般的自然，而死竟可以就是生命之大美——“秋水连天”的景观。老实说，这首偈语所拈提的，甚至比弘一的“华枝春满，天心月圆”更让人赞叹，而世上又有哪种修行能体现如此的风光！

死，在禅，是一种观照、一种锻炼、一种示现，乃至一种完成，可以说就因有这关卡，生命才能成其意义以至超越，也才能体现或气魄、或从容、或平常、或大美的风光，一个人如果未能在此用心，所有世间法、出世间法则只是自我蒙蔽的戏论而已。理想的武士道，正含有禅的这种精神。

然而，武士又是以何种方式来锻炼乃至契入这种境地的呢？就此，参禅的方式既方便多门，禅语又谓“运水搬柴，无非大道”，武士自然就选择了他们之成为武士的凭借——剑来入道。可以说，“剑道”的修习，才是武士的根本，离乎此，则“言必行，行必果”也只是江湖的义气，“忠君爱国”更不只可能是迂儒的行为，甚而还会成为军国主义的帮凶。

兵法何严厉

谈剑道的修行，许多人可能马上就会想到宫本武藏，的确，这个日本剑道二天一流的开创者正是以彻底剑道修行者的面貌来让世人记忆的。

剑本是凶器、是杀人之物，但在乱世，它却也是活命之物、救人之器，死生之别，往往就在剑的一击之中，这种特性，使武士不敢稍忽于剑法的锻炼。参禅，要“二六时中，不离这个”，这意指不能让无始以来即有的无明之心有妄为的机会，如此工夫才能打成一片，也才能导致身心彻底翻转的悟境，而武士对剑如实地“念兹在兹”，正是一种参禅。

然而，参有彻底的参、有契入的参，也有表象的参、“有隔”的参，如何彻底呢？总要整个生命就是它，它就是整个生命；如何契入呢？总要能显现山河大地触目所及“全体是用”。以此，武士的剑就不能只是个剑，它必得是武士生命实践的体现；剑法也不能就只是剑法，它更是生命宇宙之道的契入。而宫本武藏之所以能成为剑道修行的代表，正因他一生是这样彻底、契入地来参扣剑道的。

在白鹭城天守阁读书三年变化气质而出关的武藏，为何割舍桥头情人阿通的三年之约呢？在宁可做世间薄情人的表象下，武藏那一刹那，其实正是决心以整个生命去面对剑道的，这个决心，这个割舍，成就了彻底的参，也终使武藏能在二十九岁那年就缔造了千古传诵的“岩流岛之役”。

在小山胜清描写岩流岛后武藏之《是后之宫本武藏》一书中，曾经记有这段传说：武藏一日在庭院中洗澡，忽觉背后有股杀气，转身一望，才发觉死于剑下的佐佐木小次郎的情妇已拿着一把荷制短枪对准着他。虽然，最后武藏以其无畏之身躯、逼人之气魄，终使这女子不仅无法开枪还落荒而逃，但自此，武藏终其一生却再也没有脱光衣服洗澡过。

如此，“不予生命以任何可乘之机”，正是武藏在剑道上的基本态度，然而，缘何能下这种决心呢？这就要扣及剑法的严厉以及剑客的生命特质了。

“两刃相交，是无所躲闪的”，这个禅语点出了在对决之际的“如实”。两刃相向，人平时所仗恃的权威、知识、情感此际都无以作为临阵败敌的依附，社会地位多高、知识多渊博、情感多深刻，在面对“死生”之时，竟都与生命无关了，这是剑客的观照。唯有此剑、唯有自己，才能解决生命的困境，除非不当剑客便罢，既是剑客，就不能不体会及此。

然而，能不当剑客吗？生命的本质不就正在两刃相交时才最能裸露的吗？否则，禅又何必以剑之相向来比喻参禅，武藏就是如此认定了剑道比爱情更能让他体现生命的如实，才走入了他所谓的“独行道”中，剑与禅在此地是真正合一了，武士也因此再也不只是被命运之神推入无尽杀戮的一个世俗生命而已。

武藏这种对生命彻底认真的态度，使他成为一个不谈禅字的禅者，而也只有如此，才能解释武藏生命里的各种风光。

“剑即一切”与“一切即剑”

禅讲明心见性，讲开悟，而悟正是生命境界的大转换，生命自此从分割的二元世界走入全体是道的世界，于是山河大地、草木虫鱼在悟者看来固是法身说法，行住坐卧、语默动静也都是道的体现，悟者的生命特质正是如此“无隔”，是理事圆融，是事事无碍，是落花流水皆文章。

武藏生命的不可及是他那“兵法何严厉”的修业态度，而他最引人欣羡的则是这种“悟后的风光”，武藏如何选择剑道为他一生的修习或许是“常人”所难解的，但他的岩流岛之役以及在书法、绘画、雕刻上的造诣，还有许多修行的轶事，却永远能为人所津津乐道。

岩流岛之役是武藏剑客生涯的关键性一战，他也以此留名千古，但如何看待岩流岛之役呢？不同人自来就有不同的看法。

与佐佐木小次郎的这次决斗，武藏“似乎”是费尽了心思，从桨削的长木剑、故意迟到以使对方心浮气躁，乃至抢占背光的有利位置，这种种都使激赏小次郎这早夭英雄的人，无法对武藏释怀，武藏在此，被看成是个心狠耍诈的江湖人，岩流岛则是一个光明磊落剑客的悲情坟场。

然而，对武藏而言，剑法比试所牵涉的果真只是一般观念下的剑法吗？自禅的立场，剑法的比试如果只及于剑法，则这孤立的剑又怎可能与生命真相契呢？在此，必得是船橹是剑、时间是剑、光影是剑才是，也因此，在中年之后有人问武藏，是否决斗必得抢背光位置，武藏的回答却是：仍可以有“斩阴”之剑。在任何时空中都要使剑能发挥最大能量，只有体会及此，剑的真意才能显现。

更进一步说，岩流岛之役胜者之所以是武藏，败者之所以是小次郎，正是“一切即剑”击败了“剑即一切”。“一切即剑”，则山河大地，无非是剑，真乃是遍虚空界尽为法身，而“剑即一切”虽也超越了常人，却必得以剑之一端对抗外在的一切，尽管一时可披荆斩棘，但终究难免于夫复何言之叹！

武藏决心走入剑道是以“剑即一切”的心情切入的，但武藏之所以能成为剑圣，则在于他越此而到了“一切即剑”的境地。我们看那些伟大的禅者，哪个初发心时，不是以整个生命投入的？在初参之际，取个由生命发出疑情的公案话头“念兹在兹”“二六时中，不离这个”，及至开悟后，则“万古长空，一朝风月”“运水搬柴，无非大道”，以此，武藏在岩流岛时，实已预示了他在其他方面的可能成就。

武藏的书画、雕刻都像他的剑法般，有一份常人难及的直捷，他自称并没有花多少工夫在此，但比诸他人的传世作品却毫不逊色，即此，唯一可能的解释并非他是各方面的天生奇才，却应该是本立而道生，这种种都只是他悟后的风光而已，而也只有看到这些，武藏的生命才称得上是彻底的剑道修行者。

这样的生命层次，诚然已非一般观念的武士道所能涵摄，而是剑与禅的世界了，也即如此，晚年的武藏才能达到“神武不杀”的境地，谈武士道所不足之处，武藏其实也可作为一个印证的坐标。

剑道之极致

武藏的时代距今已四百年，在日本他是个家喻户晓的人物，有关他的传说极多，而著作也有不同版本，就中，以吉川英治的《宫本武藏》与小山胜清之《是后之宫本武藏》最具代表。前者写岩流岛之前投入剑道历练的武藏，后者写岩流岛之后孤峰再转的武藏，虽是两人所写，却完整地构成了对武藏一生的了解。而吉川英治的书又被改拍成电影，由稻垣浩执导，三船敏郎主演，使武藏的前期生涯成为世人熟知的剑士典型。

以生命境界的高低而论，无疑地，后期的武藏自然胜过前期的武藏，而在五十岁那年悟得“空剑”“神武不杀”的武藏，也方能说是臻入了深刻的禅者之列，以此，小山胜清所描绘的，才更接近那圆熟生命的锻炼与风光。然而，世人感兴趣且熟稔的，却仍是吉川英治所写的一切，这其中，或许缘于后期武藏的生命境界并非一般人所能了解，而剑道与爱情的取舍本来也更能触动世人的心弦，但更关键的，还在那亘古一役的岩流岛之战，武藏由此名扬天下，后人遥想此役，也皆有千古唯此一人之叹。

岩流岛之役成就了宫本武藏，也成就了佐佐木小次郎，以生命见证此一役的他，让蕞尔小地的船岛被称为岩流岛而为世人所熟知（岩流为小次郎的剑道流派名），而岛上有着红色小点的石头，也被认为是小次郎的血染红所致。

如何看待这一役呢？是不世出的两个天才青年、绝世高手的决战在吸引着大家永久的注意，还是可以有其他的呢？

诚然，没有这两个高手，尤其是这么年轻的高手，此役是不可能如此传诵千古的，而对于这一战，武藏与小次郎也应该是被期待的，因为它可以证明谁是天下第一剑手，答案揭晓了，世人自然津津乐道。

然而，就为了争个天下第一吗？以此来看，武藏在击败小次郎之后应该是踌躇满志的，但为何他又孜孜不倦地继续在道业的修习呢？显然，天下第一不是他乃至小次郎所最关心的，而是剑道的极致才是一个顶尖剑客念兹在兹的，小次郎以生命见证了比他更完美的剑法，而武藏在击败小次郎之后，却仍必须以余生去见证何谓“天下最完美的剑”——也就是剑道极致的体现，岩流岛之役因此乃可以败者无怨，而胜者反须背负着与败者共同的追寻继续走下去，只有这样，才有后来的武藏，而岩流岛一役也才不只是输赢的游戏。

禅，是不离人间万法而行超越的，但要达到这般境界却必须有一段寒彻骨的锻炼，以是禅者的生命才有禅语所谓“未参禅时，见山是山，见水是水；及至后来，亲见知识，有个入处，见山不是山，见水不是水，而今得个休歇处，依前见山只是山，见水只是水”的风光。从轻狂少年到以剑入禅，乃至最后神武不杀，禅的这种轨迹也体现在武藏的一生，真实的武藏不只是个剑客，更是个禅者。

典型在夙昔

诚然，自大悟的境界而言，武藏的一生也还没能达到彻底透脱的地步，晚年的武藏究竟有一股难掩的寂寞，然而，或许就因为这点遗憾，再加上前期少年的悔悟、爱情的浪漫、求道的执著、兵法的严厉，才使武藏的一生能永远活在世人心中。二十年前，夜读宫本武藏的传记，想着这位可敬剑客的一生，我写下了：

江湖久独行，凛冽若孤松；
欲将天地对，不与世人同。
发白添寂意，剑冷泣秋风；
兵法何严厉，寒夜伫冰峰。

这遥寄给武藏的诗，二十年后的今天读来，诗中的一切，对我仍是点滴在心头，只是，离开了对那“无以回避之剑道对决”的体会，在习禅已变成是“啜饮一杯午后香醇咖啡”的现在，心底自不免又兴起另一层无限的感慨。

——为吉川英治《宫本武藏》中文版导读而写（1998年）

附录

孤峰顶上的一转

——林谷芳

每有朋友来访，总为我禅堂上一颗不起眼的小石子发问：为何将它置于祖师像前？无它，只因它来自那千古一役的岩流岛。

岩流岛是日本德川初期剑圣宫本武藏与佐佐木小次郎决斗之地，谈岩流岛就想到宫本武藏，但一介剑客，即便称圣，何致让我如此？而这，恐怕还得从击剑任侠的文化传统说起。

谈击剑任侠，不得不谈《史记》的“游侠、刺客列传”，《史记》部帙厚重，通古今之变，成一家之言，说天下分合，诸家竞陈，皆引人入胜，但许多人读之不能或忘，阅之身心畅然、凛然者，却常就只这“游侠、刺客”而已。

游侠、刺客吸引人，不在他以武犯禁，而在他生命情性的特殊发挥，也所以真正的游侠、刺客其传乃不得不精短，因为非如此，无以彰显他生命那极致而刹那的挥洒；非如此，不足以成就那可以孕育无限想象的传奇。

“游侠、刺客列传”之令人神往者正缘于此，而能接此风的，则非唐代传奇莫属。不谈那隐于市尘、惊鸿一现的红线、隐娘，即便是登上历史舞台的风尘三侠，传奇写来就真是传奇，寥寥数笔，反引人神驰不已。至于之后的小说引申，就生命境界，就传奇书写，则已落在第二、三义，难论真正的击剑任侠了。

“游侠、刺客列传”所写是实有其人、实有其事，唐代传奇则多了稗官野史、乡野奇谈，传说的增加当然拓宽了传奇的幅度，但相对的，也稀释了那由真实生命所带来的震撼。至于后世的武侠小说既属虚构，又篇长幅大、细写情节，就只能成为文人的寄情及生活的排遣了。

在中国，这真实而特殊的生命出现在乱世，在法禁所不及之处；但在日本，他们却在不短的时代里成为台面的文化，从这里，走出了许多传奇生命，到如今依然让人津津乐道。而以岩流岛一役成名的宫本武藏，就是其中之最。

宫本武藏与小次郎的岩流岛对决恐怕是人类决斗史上最传奇的一章。决斗，在当今社会看来，是遥远而野蛮的行为，但许多文明里它却曾是个传统，而即便当今，对决也仍是我们生活中常有的念头、常见的事，只是，比起立下生死状的决斗，其间的距离的确不可以道里计。

岩流岛之役是立下生死状的一役，这一役之所以传奇，正因是两位天才剑客的对决。那年武藏二十九，小次郎二十六，却都已被公认为无双的剑客，也因此，这一役，自一般人看来，是天下第一之争的一役，传奇性原够；而更甚的，是对决虽在公开见证下进行，但短短一瞬的生死立判却留下了许多的传说与想象，以致四百年后的今日仍难免于议论的余波荡漾。

以生死为判的对决，必然是一击必杀的。武藏如何在短短一瞬间击毙小次郎，民间的传说有许多：有以为他故意迟到让小次郎浮躁，又立于背光的有利位置，所以能乘敌之虚所致；有以为他以船橹所削木剑为器，正因知道小次郎体格高壮，剑较他人为长，所谓一寸长一寸利，乃以长于对方的木剑制敌所致；又有以为是他自创的双刀剑法赢得此役的。但林林总总，却都让卑之者以为武藏此役赢得并不光明磊落，就此，写青年武藏的吉川英治在他《宫本武藏》的书末则不平地写道：

波澜为世之常，小鱼逐波而善泳，跃然歌咏。然，谁知百尺下之心？谁知水之深？

这样的切入其实是有所本的，武藏的一生并不止于岩流岛，而他后半生的种种恰足以映对这样的观照。

武藏二十九岁到达世人视为天下无双的顶峰，但要到六十二岁才辞世，这中间的三十三年他是怎么过的？其实很耐人寻味。位居孤峰，何只是一般的高处不胜寒，日本人的樱花美学——生命既难免于消逝，就让它在最璀璨的时候殒落！更促使日人很难面对这一关，以前如此，近世依然，川端康成、三岛由纪夫的殒落皆可作如是观。

三十三年是怎么过的？搜集武藏的传说，小山胜清在《是后之宫本武藏》一书中对武藏如何突破这孤峰顶上有精彩的描写，而关键之一，则在他与上代剑圣丸目藏人佐的相遇。

与武藏一样，丸目藏人佐也使双刀，武藏因此有再次试剑的机会。本来，自世俗看来，岩流岛之役是天下无双之争，但在小次郎与武藏内心，一个亟欲亲见剑道极致的渴望，恐怕还更是彼此非得对决的原因，到此，天下第一剑客是谁已属余事，真正萦绕于心，真正能成其为生命公案的，还在这何谓剑道极致之上。而在小次郎逝后，这公案的参究却得等到丸目的出现，才有再次境界现前的机会。

境界现前，丸目并不以直接的剑道折服武藏。两人试剑，丸目藉招引武藏追赶，而待武藏追至原野，再见丸目时，先前的剑客竟已成为眼前臿锄而立、与世无争的农夫，这一转换，是连毕生所赖之剑都完全抖落，武藏就在此受教。

这是武藏三十岁之事，传说武藏则由此在他五十左右悟得所谓“万理一空”的剑道境界。

这相遇、这转换是否如小山所写，后人不得而知。而对万理一空的“空剑”境界，坊间也有相关的传说：一说是丸目臿锄而立，武藏欲击，丸目以锄震地，竟让武藏头昏颠踬，而此无剑之剑，正因不须以敌为敌，乃能“一击万法生，百魔自粉碎”；也所以，传说有忍者偷袭武藏，武藏信手以刀击之，虽只轻伤对方，对方却因之数日难起。这些传说的真假很难验证，但日人常说武藏晚年与人印证剑道并不使剑，确已入“神武不杀”之境。

其实，武藏巅峰之后的生涯原不必依赖这种种的传说，他诸多斑斑可考的实迹，也印证着这百尺竿头后的一转。

不只六十余场对决的全胜，不只千古一役的岩流岛之役，武藏一生还留下了许多的禅画。

禅画中：《枯木鸣鵙图》《红梅鸠图》都以一鸟立于孤危枝头，但虽立于孤危，却仍当下怡然；《芦雁图》屏风写雁则有雪清自得之态；《鹈图》具当下之姿，形态笔法皆极富机趣；而他最知名的作品《布袋观斗鸡图》更以“两端俱坐断”之姿写布袋自得无涉地观两鸡相斗。这些画，论笔墨画风，放诸画史都卓然可立，一个画家能达于斯，已甚难得，一个剑客竟克臻此，只能说是异数。

异数是因历来仅有，剑与艺能同时达到此高度者，武藏可谓千古一人。但话说回来，异数也不必然就只能从异数来看。

不仅于画，武藏的书法与雕刻都很好，世人以常情观之，总以为武藏之所以琢磨艺事，乃缘于对敌必须静心，而艺事正是剑道在此修行的一环。换句话说，正由于艺事之修行，武藏乃能臻于世间剑道的巅峰。

放在寻常，这种说法自然有理，但其实不然。首先，在武藏年轻时，尚无竹刀的设计，对决非死即残，剑客惕厉剑法犹恐不及，遑论骚人墨客之事；而就时间而言，武藏的艺作也都在岩流岛之后。以此，他艺事的锻炼或与他终能参得万理一空有关，却与他之前顶尖的世间之剑无涉。

其实，要看武藏的剑与艺，还得回到更根本来看！

根本在禅，禅者识得本心，应缘而发，乃无入而不自得，禅画因此多为无心的创作，一有作意就落于下乘，同样，真正的剑，也必须不执于一处。

剑不执于一处，是禅僧泽庵宗彭对剑道的拈提，这位传说中将武藏计赚吊于树上，磨其躁气，终使武藏入天守阁读书三年、变化气质的禅僧，在给新阴流掌门人柳生但马守的信《不动智神妙录》里如此写道："不可住心于敌，亦不可住心于己，不然，则为敌手所胜。"所谓执于一处，则为该处所夺，反之，"苟如达此无心，则能不止一事"。

正因不执一处乃不受限，《金刚经》的主旨只此一句："应无所住而生其心"，到此无执，生命就六根互通，此时遇事成缘，当下自在。所以说，武藏的诸事臻顶，不在他是亘古的天才，不在他以艺磨剑的锻炼，根柢的，是他契入本心的会通，所以他的画乃直契禅境，毫无勉强。

这样的会通是悟者的本家之事，只是，武藏既发诸文武判然的两端，就特别令人惊艳。

的确，会通的关键在禅，这是武藏中晚年之事，而能如此，我们在他年轻时倒也可找到更早的根源。

岩流岛一役世人叹息于天才剑手小次郎的消逝，对武藏之胜乃有所疑，就此，我在为中文版吉川英治《宫本武藏》所写的导读文中提到：岩流岛的胜负，其实是“一切即剑”击败了“剑即一切”。

“剑即一切”的小次郎，据传剑速之疾可斩下回飞之燕，而他就以此人类极致之剑披荆斩棘，自创岩流；但“一切即剑”的武藏，却不只刀法、呼吸、步法是剑，连光影、时间、心量亦是剑，就因如此，他才能得木剑之长、光影之利，并击对方心境不平之虚，所以据说后来有人问起武藏：是否对决皆须立于背光之地，武藏的回答很直接：亦有斩阴之剑。

正因光影、时间、心量都是剑，由此出发，晚年的武藏才能入于神武不杀之境。

武藏的神武不杀来自过尽千帆后的放下，毕竟，二十九岁时已被誉为天下无双的剑客，往后又如何能只继续持着手中的有形之剑前进？！

神武不杀更来自位臻顶峰的任运，早年的武藏既已光影、时间、心量尽为剑，晚年则连这手中之剑的原点也可尽抛。

然而，即便是神武不杀的剑客，于禅的究竟，恐怕仍是有隔的！

原来，剑客的生涯是生死间的争战，武藏虽说能抛手中之剑，臻于处处是剑，但若只拘于一个剑事，也只能得个剑之巅峰，若要六根互通，在禅，就须入于死生无关，契于无别，只有连心中之剑亦抛，一无所执，才能证得泽庵所言“全身如水”之境。

泽庵信中谈“苟如达此无心，则能不止一事”之后的文字，是“遍及全身如水，而可尽其用”，这“全身如水”，是“万理一空”的具体映现。全身如水，丸目藏人佐才能以一代剑圣而为与世无争、融于天地的农夫，日本最大剑派新阴流的开创者柳生石舟斋才会尽抛剑事，成为悠游生活的隐者；而武藏呢？

武藏在《五轮书》中自谓五十之顷契得兵法之道，“此后，无可寻之道”。无可寻，不是已位臻巅峰再无其上，而是证得万理一空，所以再无可寻，这正是无所执之境，到此，才能如他所言“依兵法之利，为诸艺诸能之道，于万事，无须为师”。所以武藏晚年乃不仅处处是剑，还处处是书、处处是画，且剑书画都能尽其用，达于巅峰，甚而，所写之《独行道》固可为剑事观，亦可为行者参，《五轮书》更连当代企业也用得上。

到此，生命即便非彻底透脱，亦一定相应于水，也才可称之为真正的剑禅一如。

这样的剑客已非剑客！

在岩流岛之役已看到此端倪的吉川因此有书末的慨叹，而直接深入他后来的生涯，小山所写即便仍只在剑上谈武藏一生剑事的极致追求，而不及于他艺中真正的禅意与剑禅一如，但就只书中所写，这孤峰顶后的行脚，即可为所有生命参。

的确，无论前期的一切即剑，中晚年的万理一空、神武不杀，武藏剑道的生涯原是禅者彻底的生涯，于是历来谈禅，我总不免及于武藏。而年轻时，读小山之作，遥寄四百年前的行者，想着他修行的峻烈，我则写下了这样的诗句：

江湖久独行，凛冽若孤松；

欲将天地对，不与世人同。

发白添寂意，剑冷泣秋风；

兵法何严厉，寒夜伫冰峰。

这是严厉修行的剑客，却还不是神武不杀，更非全身如水的行者，但就像多数人因他的爱情、他的割舍以及他决斗的传奇，总喜欢吉川所写的宫本武藏般，尽管自修行切入，年轻的我，当年心所向往的，也仍是那“兵法何严厉”的武藏。

的确，没有严厉的悟前锻炼，就无悟后的生命风光，只谈后者，禅就会失去它剑刃上事的本质，但即便以此立言，后期的武藏修行就不严厉吗？禅常指“骑驴不肯下”是成就者的最大罩门，何况是天下无双的武藏呢？所以说，武藏与别人最不同的一点，正就是这巅峰后还能有的一转。

这一转是跳出天下无双剑客的一转，这一转也是直接跳出剑道的一转，这一转更是印证剑可及于生命一切的一转。行者因手中无剑而无处不剑，更因心中无剑而全身如水，武藏在此为世人昭示了剑禅一如的世界，更拈提了孤峰顶上那唯一的出路。而就此，何只成就的行者必得观照，即便不学剑、不天下无双的我们，不也常认为自己的小小成就是那无可割舍、无可转身的孤峰而就此自限吗？！

也所以，岩流岛后武藏的种种，恐怕要比他那前期严厉修行的剑道历程更能昭示世人，更能拈提行者，而谈武藏，也更得谈这一转间、一转后的武藏。

然而，尽管如此，岩流岛毕竟是武藏生命的关键之地，因为无有这一役，孤峰顶上该如何走下去的公案就不会现前，武藏可能也只会像一般剑客般，为谁是天下无双的剑客而无尽地追寻下去。

就这样，谈禅，总及于武藏，总得从那千古一役的岩流岛谈起，于是，20世纪90年代初期，老友庄展鹏因听我课，在日本行中乃特别转到了严流岛，回台后，就送了我迄今仍供在祖师像前的石头。

石头不起眼，却直扣那千古的一役，白色石面上有淡淡的细红点，当地传说是小次郎的血染红所致，可见早逝的巅峰生命在世情中仍是大家所最叹息之事。

然而，尽管禅堂上有岩流岛之石，我却一直未曾亲临岩流岛，谈武藏，当然不必尽履他的行迹，但要履，就得从这武藏的转折之地走起，于是，2010年4月，我与儿子雨菴踏上了岩流岛。

岩流岛位处九州、本州之间的关门海峡中，因形似船，原名船岛，是因小次郎之死才改今名的，岛的面积原极小，只消十来分钟就可绕上一周。

孤悬海中的无人岛，无双剑客的生死对决，这传奇的千古一役，合该有此场景！

然而，实际到了岩流岛却必然要有所失落的，由于海沙淤积，现在的岛已大上三倍，既有绿荫沙丘，就彻底少了那孤悬、苍茫，那风萧萧兮易水寒的情境，与先前一无所有的小岛相比，的确难有只此一地、只此一役的相应。

然而，原先的岛样貌虽已不存，事迹却依然活在人心，可惜的是，以前卖石头的不知何故现在没有了，于是，真能引人怀想的，就只是2002年在决斗之地所塑，那武藏与小次郎对决的雕像。

像，是后人的想象，却将对决的一刹传神雕出，想来，这不仅因于塑者的功力，更深地，还在那一直不断的剑道传统，以及永远活在人心的那段传奇。

而尽管今非昔比，我却还是毫无遗憾的。在岛上徘徊，心底一直回响着东坡的诗句：

庐山烟雨浙江潮，未到千般恨不消；

到得还来无别事，庐山烟雨浙江潮。

的确，这一趟是必得要来的！平淡的小岛或者更应和着武藏一转后的追寻，毕竟，即便是千古一役的胜者，生命也还得从这里走出去的——我如此想着。

——此文写于2010年，收录于2012年出版之《落花寻僧去》

附录——再版访谈

禅者呈剑

采访者：孙小宁

受访者：林谷芳

时间：2011 年 5 月 18 日

编者按：采访者孙小宁女士为大陆媒体人，与林谷芳先生结识多年，先后合作出版有《十年去来——一个台湾文化人眼中的大陆》和《如实生活如是禅》。《禅两刃相交》作为一部直析禅门修行虚实的著作，在繁体字版问世后的几年中，亦蒙小宁女士居间推动与大陆读者见面。藉此出版之机，特邀二人进行专题对谈。

一、是宗门书，而非教下书

孙：这本书终于，终于，还是要和大陆读者见面了。当年拿到这本台版书，还是 2005 年，一晃五六年过去了。那么当时写这本书，缘起是什么？

林：佛法谈缘起。法必应机，孤缘不起。所以禅门有“梵天祈请”的公案，说的是释尊悟道，虽悲悯众生，仍须有梵天祈请之机，弘法才得殊胜。而诸经也都有应机主，《金刚经》是解空的须菩提所问，《维摩诘经》就须有智慧文殊的问疾。过去我写系列文章，都是应机写的，跟一般人主体地想表达自己所思所想不一样。《两刃相交》缘起于当时台湾佛光山道场创办了一份报纸叫《人间福报》，副刊主编是我学生。为了帮她撑起那个场，我答应她一周一篇，八百字左右，谈一些禅的核心问题。最后写成，就是这五十二篇。

孙：这五十二篇从一开始就设定好了吗？还是一路写来，自然形成？

林：应缘的东西如果出自本心，或者有它的圆熟度，七篇就有七篇的完整，五十二篇就有五十二篇的完整，并不是先有一个架构。基本上，我所写的《画禅》《千峰映月》，固然有一些必定会涉及的禅思，但从来不先做系统性架构，写到哪里就到哪里，最后也发觉，是自成一体的。

孙：但我这次采访前重读，感觉您从禅者的"本分"入手，谈到气魄、修证、勘验，最后涉及风光，仍然有一种禅修行的次第关系在。我可以这样理解吗？

林：应该这样讲，就好像我每次演讲谈到某种分类，这次分五类，下次又分三类，学生说前次不是说五类吗？我说，上次是上次，这次是这次。其实三类、五类都是一种方便。《画禅》《千峰映月》当然也涉及到禅的原点部分，但讲法就不一样。《千峰映月》涉及的是诗，《画禅》面对的是画。所以，不会固定就从这五大块来谈。不过在禅修行——祖师禅的修行，五大块应是个原点。知见、行持、勘验、风光是禅修行必然要谈起的，"气魄"则是我想特意强调而立出来的。谈知见是因为，禅重视开悟，重视知见的翻转，这是禅跟教下最大的不同。"只贵子眼正，不说子行履。"是说你必须亲证那个直观世界的存在，才不会盲修瞎练。但虽说知见很重要，它必定还有个行持，行持是所有修行的根本，而知见则最显宗门的特质，只是这行持与知见，不一定有先有后。我们是因为某些行持才开悟知见，但也是开悟知见后才真知如何行持。到底地说，锻炼开悟、悟后起修都需要行持，只是禅门行持也有它最不共的地方。

再就是勘验，这在修行中也很重要，因为这里面招摇撞骗者太多了。禅宗讲知见，你在这里连看破对方是佛是魔都还不行，也就不用玩了。何况历代的狂禅、文字禅的流弊就由此而生。最后是“风光”。当然，所有的道人，都会显示出生命的某种风光。不过要能有禅者那样具活泼、丰富生命风光的，还真不多见。

孙：虽然您说行持与知见不一定有先有后，但总的来说，“本分”肯定是在前，“风光”肯定是在最后。所以，还是有个次第。

林：真要说次第，意思也是，你要讲一件事，顺着来，大概就是这样讲的，只是把它说清楚的顺序。首先谈修行人要有怎样的本分，再谈禅者要有怎样的人格特质，然后谈实际修行是怎么回事，再来检验自己做得如法不如法、好不好，最后看看得道人的风光是怎样。所以说从这个角度，即便我今天来谈净土，我大概也会谈点知见——为什么要念佛；行持——怎么念佛；勘验——勘验可能在念佛上少一点，但还是有的，主要是看念佛的征兆，哪些益处是真，哪些是假；最后是风光——念佛人呈现的是怎样的生命样态。只是念佛是把许多复杂的理念单举其一，比较很难丰富地谈这四个面相。其他宗派就较容易看出这些。比如密法也会有对知见的观照，有自己独特的行持及勘验——这里鱼目混珠的特别多，最后当然也有自己的风光。

虽然都可以从这几个面相切入，但在禅门里谈风光、知见、勘验这三项，更能彰显它不同于别宗的特质。而我还特别强调气魄，是因为在禅门，如果没有直捣黄龙、杀活同时的气概，你就不要玩了。所谈就是这么一种的娓娓道来，把它说清楚就好，真要把它分成六项八项也无不可。

孙：不是娓娓道来，我觉得是杀着活着就来了。

林：我所谓的娓娓道来，是走到哪讲到哪，这山也可以秀丽、也可以高峻，娓娓只是我这过来人的心境与风光，就像一路游山的风光，带你走过禅门。

孙：这次修稿重读期间，您发短信说，自感此书确为给内行人所写。您这里指的内行，是一种广义上的修行人，还是具体到禅宗一派的修行人？我记得一位朋友的老公是修道家的，但他读此书仍然有所感应。

林：修行有一个根本原点，广义是指生命的超越，狭义是指了生死为核心。从广义修行来看，各种修行法门至少有一个共同关心的超越原点，所以会有一定的相应在。从更核心的了生死来看，这本书就是直接写给祖师禅的行者，或者对佛教修行、禅修行有些受益的人看的。至于你说到的朋友，他之有感觉，除了法门之间会有重叠之外，也因为禅这东西，已经渗入了文化，包含修行的各个层面。我们晓得宋之后发展出来的道家修行，他们讲性命之学，性就是所谓心性，命就是所谓肉体的直接超越；而性上的讲法与理论，乃至用语，就大量来自禅宗。所以一个道家修行人，读此书的触发，也许跟一个真正的禅者并不全然相同，但仍然会有所相应。

孙：一说这是给内行人看的修行书，很多人会想到那些具体谈打坐、呼吸的书，就像上次我赴台，您送我的那本《天台小止观》。而您这本仍旧还是在谈禅的本质与核心。很多已经在修的人会觉得，他们已不需要再看这类书了，实修就是。他们更关心我的呼吸怎样，我的坐禅姿势对不对。您怎么认为？

林：这是两类书。侧重点跟层次不一样。关于打坐时的气息、呼吸以及禅坐方法，法本里面都写得清清楚楚。它最重要还在，你照着他的方法次第去做，再有什么问题的话，内行的老师会告诉你如何对治：散乱怎样对治，昏沉怎样对治，有异象怎样对治。但禅门不是一个次第法，它的基本功就是究竟法，是一路下去的。核心还在于你能不能守住禅的本质，在这个地方两刃相交。呼吸，怎么呼吸，这跟禅门不太有什么关系。虽然我在这本书里有五篇谈到打坐，也不是在告诉你应该吸长呼短，还是呼长吸短，用内行人说法，这里面还是有个心法在。把这个悟透了，打坐就不一样，更不会在坐与不坐之间拉拉扯扯，犹犹疑疑。

孙：方法的书需要，您的这类书也需要。因为时时拿来读，会提醒自己不要偏离原点。

林：禅宗讲随破随立，随立随破，杀活同时。这个本质你可以在这本书里感觉出来，而这正是禅的方法，以为我这里不谈方法是没进入这本书，谈的其实是关键的方法或方法的关键，而这关键与你的知见有密切关联，甚至是同一件事。有了正知见，方法其实简单，一路看话或一路默照打坐下去就是了，相反的，如果你今天拿的是一本你所说的“具体方法”的书，那叫依教奉行，是教下的书，非宗门的书。

孙：教下书，宗门书，您在此特别强调教下与宗门的不同，强调祖师禅与其他的不同，能否在此对祖师禅的历史脉络有一个更清晰的描述？

林：我谈禅，一般不讲对禅的泛称，因为这样说，容易意思模糊，它也许是禅那，是打坐，广义的禅修，也许是一种文化氛围，如禅空间、怀食料理等。把禅作为一个专属的字来看，它谈的就是祖师禅，即以达磨为初祖发展起来的佛教宗派。它有别于原来我们一般用的如来禅这个概念。如来禅，是佛陀以来的体系，在修行上，讲求戒、定、慧，由戒得定，由定生慧。祖师禅不同，用六祖的话讲，是所谓“即慧之时定在慧，即定之时慧在定”。定慧不二。佛性本身即是定慧一体的，修行就要直接契入这定慧一体。这样的禅，所带来的行法、宗风以及悟后风光就不一样。祖师禅的法脉非常清晰，尤其是在前期，民间所说“法传白衣”或“衣钵不传”，都是不对的。六祖之后是不传那个有形的衣钵、信物，但这个信物只是外表而已，真正的传是以心传心，所以有后来的一花五叶，在唐宋期间蔚然大观。

祖师禅发展初期，比较大开大阖，没有固定的行法。所谓法无定法，禅觉得执著于某一处，就死于句下了。但到了宋代，禅大兴，龙蛇杂处，另外也因为丛林大了，要让大家有个规范，不至于高则高矣，低则低矣，才由大慧宗杲与天童宏智发展出看话禅与默照禅两种具体可证的行法。一个是二六时中咬住话头不断，所谓“打得凡心死，许汝法身活”，依此去除思虑心；另一个是直接的坐，在坐中静体一切，直接契入一如的世界。

这两种行法，看话禅是禅宗为开悟自性发展出来的一套行法，默照禅看来是打坐，但打坐的基本态度、知见，以及生命状态，都和如来禅以及其他宗教的打坐有明显不同：寂照同举，定慧不二，或者直接就是那一句：坐禅即是坐佛、作佛，因此是基本功，也是究竟法。

孙：虽然您强调它是给内行人读的，但我当初拿起读时，还不是修行人，但也读得分外畅快。后来我也常拿这几个原点去勘验我所接触过的人与作品，发现同样适用。

林：禅的那种畅快，即便不入禅的人，也会在其中找到相应，这也就是我们对公案、对禅里的机锋，即便是会错意，或者不到，依然会跟它有某种程度相应的原因。因为它剥掉某些外壳，打破了某种逻辑，让我们身心畅然。

孙：我还有一位朋友读此书，是把它当好文字欣赏的。我自己也感觉，这些年一直在读禅书，不同的禅者写禅，会映现出不同的风光。一行禅师的书，佛理讲得很好，文字温温润润，但是不像您这般凌厉、直接，有两刃相交之感，以至于我有时觉得，他更像是修净土宗的。

林：对，一行的禅风不似祖师禅的禅风。祖师话基本上就是家常乃至大白话，中国白话文，很重要的一个缘起就来自禅门语录。当然在台湾，你也能看到，有些人在写这类书时，语言就是祖师禅味道，但不同在于，他们在里面掉得很深，所以读来，就像现代人讲《水浒传》里的话一样，他们是在讲宋代语录中的人的话，给人的感觉，写者还是活在过去。台湾人提到我的语言，常说是非常直接的祖师禅印象，但用的是现代语言，能如此，才扣得住禅的本质。唐五代的禅师用的是日常语，一点都不减它的直捷性、凝练性，我现在用的也是日常语，而谈到过往的公案语录就像在大白话里面用上成语般，一样也融在一块。

当然读过我的《千峰映月》《画禅》的读者，也可以发觉，这三本书的语言还是有所不同。《千峰映月》里的语言非常精简，是用诗的语言在谈禅诗，而《两刃相交》就更白、更直接。这样写，是应于禅接机的本质，有一则谈话常被我引用，有人问芙蓉道楷禅师为何“祖师言句皆如家常饭”，他回答：“汝道寰中天子敕，还假尧舜禹汤也无？”意思是说祖师话既自本心而出，不与万法为侣，自然显得日常畅快，日常是来自绝对的自信，畅快是本心所发。两刃相交就如此，我当然可以为了美，把《两刃相交》改成像《千峰映月》一样的语言，这就离开了应机的原点，恰与两刃相交相违。总之，你只能用活泼的语言，直接写出活泼的禅修行。

孙：但总体来说，您的语言还是一脉相承，有您个人的一贯风格在。有一天我随意翻阅台版一行禅师的书《与生命相约》，突然觉得，这一句怎么那么特别，一看，原来是您序中的。您的禅书给人的感觉还是那种把佛理化开、融通后自己的语言，跟您本人平常讲话也接近。我读仙厓掀衣进城门那段，忍不住大笑，因为当时就能想象您讲述这个故事时的动作姿态—掀衣，然后说：男的。鲜活的东西一下就出来了。

林：禅的语言直捷而活泼，有它独特的生动性。生动的东西不会被结构、逻辑锁住，用禅的讲法是不死于句下，所以读它，从语言层面，也可以是享受。

二、剑客与慈悲

孙：人对一本书的领悟，随着生命阶段的不同，触发点也会不同。比如在您的书中常引用的“路逢剑客须呈剑，不是诗人莫献诗”。我最先领会到的是它的应机。但这次重读与它相关的篇章，发现后面递转的意思还有很多层，诸如“老僧爱嗔不爱喜”“少室门前冷似冰”，最后还回到你对自身的认知，你到底是剑客，还是诗人？

林：的确，在那里第一个我谈的是，禅门宗风的直接，尤其是陈尊宿的宗风——他一定程度代表禅门多数的宗风，他不会跟你随喜讲讲，所以是“少室门前冷似冰”。第二个层次则在叩应，语言文字并无实义，要看对谁而说，遇剑客论诗，遇诗人谈剑，总只能在外围打转，禅不如此。第三个层次提醒的是，学人要自知，知道自己是剑客还是诗人，然后选自己要的东西。

孙：其实从诗与剑两者都可以入道。

林：对。所以我才分老婆禅、诗人禅、剑客禅。这里有显有隐，从祖师禅角度来看，剑客的成分要多一些，里面有气魄、严峻的本质。但严峻也可以如天童宏智那样，机关不露的严峻。任你天下怎么动，他就是不动。

孙：还有您书中说到禅宗语录中的“坐久成劳”也是这样，意思其实有好几个层次。

林：是啊，这句话不能单看。首先是坐才能久，不久哪里成劳，坐了只是累，不坐更糟糕。所以，坐久成劳的下一句是“不坐，就堕落深坑”。

孙：您特别彰显禅的剑客本质，但是也有人标举“禅是一枝花”。

林：禅是一枝花？禅当然可以是任何事物，但回到参禅的本质来看，你若对一个剑客说禅是一枝花、剑是一枝花，他都被你烦死了。花是用来欣赏的，而禅是用整个生命去体践印证的。你用如此的轻描淡写来应对人家的出生入死，即便你真能云淡风清，但对众生、对行者，你就少了慈悲心、少了体己的心。

孙：说到慈悲，我有一个感觉，对比佛教宗门与教下的不同，您所谈的祖师禅的禅风多为两刃相交，兵法何严厉，“少室门前冷似冰”。更因为讲求自身的了悟，对比修净土的感觉来，禅不容易让人想到普度众生这个词。

林：到底是时时说好话的老师比较好，还是一个严厉的老师比较好，没有定论的，要看怎样的学生。普度众生？你知见不明还要普度众生，麻烦更大。你看新兴宗教哪一个不是以普度面目出现的？热忱不足以代表一切。

孙：但是别人热忱投入，你不投入，心里难免会欠欠的，会觉得自己对别人做得不够。

林：习禅最容易看到自己不够。但这不够，是因为他不予自己任何可乘之机，但也因为看到这不够，所以他会对没事情就去接机的，觉得你怎么这样大胆。禅可能会呵斥一些自以为是的人，但不会对不如己的人采取讪笑的态度。就因对自己观照最深，才会出现最深刻的谦卑，这谦卑及自性自悟，使禅的慈悲显现着不同样貌，我在“不说破的悲心”与“自性天真”都提到这一点。

孙：因为是不说破的悲心，所以禅者总让人觉得那种所谓世间的关怀表达得不够。

林：既是不说破的悲心，自然是不把悲心挂在嘴边，但这不表示他关怀不够，何况禅讲应缘，应缘就无大无小。谈慈悲主要是心态问题，是被它绑住还是没被绑住。悲心也可以绑住人，修行上这叫“悲魔”，禅者绝对不会因悲心障碍自己的观照，而是以这悲心，看到众生跟自己的无明，在应缘上乃有更多对己对人境界现前的机会。

孙：所以我们感知禅者生命时，总觉得他们比我们活得超越而自在。我们只有心向往的份儿。

林：其实，你一样可以是个禅者，一样可以超越自我的烦恼。理解禅者不说破的悲心，根本还是，我到底是教会你钓鱼，还是给你一条鱼。当一个人快饿死时，有人给他一条鱼，这是应机，禅者一样会给他一条鱼，但所谓救急不救穷，真要救穷，就要教他钓鱼。

孙：所以这次重读，我还是特别注意到了禅者的悲心一面。看这本书也像参禅一样，一层层领悟，领悟到深一层就会有深一层的欢喜。

林：我的禅书，即便是这本比较白话，也都不是让人只读一次的，都有那个参的本质。因为不是死于句下，所以有叩应就有触发。

为什么祖师禅会在中国历史上有那么长足的发展，就跟中国语言的暧昧性或者弹性有关。“中华队大败日本队”，日本队输了；“中华队大胜日本队”，日本队还是输了。这里面，必须要注意的是，不能在文字中依文解义。你必须离文了义。离开文字的本身，才能找到它究竟的意思，所谓“不著一字，尽得风流”。中国人讲的，意在言筌之外，在禅，尤其如此，我的书也都不离这点。

孙：这次附录中，除我所熟知的台版的《剑与禅》是吉川英治《宫本武藏》的导读文外，还加了一篇《孤峰顶上的一转》，还是谈宫本武藏的，为什么会同时放这两篇，用意何在？

林：也还是那“路逢剑客须呈剑”的本质，这两篇都谈宫本武藏，前者比较概论从禅的角度如何看这千古一人的剑客，后者则直接写他天下无双之后的生涯，因为武藏在二十九岁臻于孤峰顶上，到六十二岁才辞世，这三十三年他是怎么过的，才是生命的大公案，孤峰顶上这一转，是禅家的境界，十二年后的这篇文章有较多修行的讯息。总之，无论是兵法严厉的剑客，还是神武不杀的行者，剑与禅在这里有最密切的连接，可以更彰显两刃相交的原点。

三、祖师禅，原点的丧失与追回

孙：禅特别讲个人之悟，本质上是个人修。但现在禅修中心还是很多，从您个人态度来讲，禅修是不是最终要回到个体修这个原点？

林：应该说，所谓的修行原点，永远是自性自悟的，所以说“如人饮水，冷暖自知”。禅特别强调这点。修行离开自体，其实就只是个形容词而已，没有实际的生命超越意义。但另一方面，除了个体、自悟以外，佛法还讲缘起，跟外缘的关联，这究极意义，是体得没有离开众生的解脱。而现实上，丛林也有方便，因为有同参、有规范，且不必为稻粱谋。当然团体修也常形成迷障，从禅的角度来看，有团体就有保护层，你就无法两刃相交，所以有利有弊。

孙：但是会不会存在哪种形式更好，或者更容易精进呢？有一天，几位对修行感兴趣的朋友在一起闲聊，有一位说，在印度修行的历史上，林中修比茅蓬修更容易精进。

林：这也是一种看法与体会。我们讲茅蓬修是指一种状态，是说你一个人闭关苦修。但也必须有行脚锻炼，禅虽说自性自悟，却断不能让生命处在封闭状态，所以才说两刃相交嘛。

孙：在这本书中有几章集中讲到师徒勘验，不过您书中所引之亲鸾上人的话，可见出他对法然上人极为信任。他说：“念佛是净土之因，或是堕地狱之业，余总不知，譬如受法然上人之骗，念佛而堕地狱，岂有后悔乎！”如何拿捏这其中分寸，既有信任，还要勘验？

林：首先是要知道，修行是会退转，行者也是有限的。认识到这个，即便你看到你的老师哪里不如法，也不会一下子起否定论，不会因为这个而把所有舍弃掉。在众多的修行法门中，密法修行会特别起崇拜，因为上师是三宝的综合，很多人从学佛退转或者放弃，都是看到上师的不如法。上师的不如法可以分两类：一类是，他本来就是无法而招摇；一类是，他不一定刻意隐瞒，只因为他有限，又因为和徒弟的师承关系，所以彼此作胜义解，但美化到一定程度，一旦有真实呈现，信心就退转了。行者本身是有限的，大家都在修行。这一事实必须被观照到。我为什么在《两刃相交》中几次讲到佛有三不能，连佛都有三不能，何况我们。这样才能如实看待老师。在台湾道场，出家众喜欢上我的课，因为压力不大，没有外在庄严的种种，但听者也不会因此对我失掉信心，就因我把本色就呈现在他们面前。所以，当他看到，林老师困的时候也需要有人按摩，他不会觉得一个禅者这时怎么像个常人般，因为他同时也能看到我整体的生命风光，还是可以来学习一下。

第二个，要知道生命本身机能的起落也会导致境界退转的。我们在《归零》（即大陆版的《如实生活如是禅》）中提到，人到了五十岁退转的可能性很大，因为你若不是很有彻见，生理在萎缩，心却不能接纳这个事实，你就开始做业了，很多艺术家就如此。所以，了解这个后，你就不会把所有老师都作胜义解，反而会因此更如实看待修行的不易。

孙：看这本书，特别能领略祖师禅的风光，但也因此觉得，极盛时的风光，映出的是禅门后世的寂寞。您怎么看待这件事？

林：禅极盛是在唐、五代。唐代虽然也不乏知识分子、文人介入其中，但基本上禅还比较是行者之间的东西。到了宋代，禅就沁入文化各个领域，当禅跟文化产生一种高度连接时，就出现了另一种生命或生活的美感、形貌与氛围。宋之后的佛法基本上是禅与净土共分天下，净土接引的主要是普罗大众，禅则明显为知识分子、文人所喜欢。这个联结使一般人更方便从各种角度入禅，这是好的一面，但弊处也让人常就一直在外围转。禅沁入艺术，艺术也可以体现禅，但禅不是为艺术而存在的，它还是一个修行的本质。所以文人谈禅，看来丰富了禅的内容，但原点却也一直在丧失。

孙：这个趋势似乎无法挽回，当下尤其是。举目一看，少林禅、功夫禅、禅茶，禅真的成为一个不代表实义的后缀词或形容词。当我们希望禅不离原点而在当下得到发展时，对这个愿望同样要保有观照，否则又会变成一种法执。

林：这也是我把这本禅书取作“两刃相交”的原因：要告诉你禅的本质，让你回到原点。禅无处不在，这些都是一个现象，也不尽是坏事，但离开了原点，就没有了本。而本，对行者最重要。所以即便禅被文化界、宗教界非常广义地用，我们还是要回到历史中禅这个字用在祖师禅的本意，找到那个源头。至于说看到这个源头后能不能有所修行，那就看每个人的缘分了。禅以它的活泼性，并不会要每个人都习禅，有人学净土，有人学密宗，能相应就好，但最少谈禅你要知道它原点在哪里。

孙：话是那样说，但许多人还是觉得，时代确实变了。

林：时代的变化再大，修行还是个人的事嘛。我写这本书，并没想改变时代。如果有此想法，就是妄念。修行永远是“如人饮水，冷暖自知”的事，这本书是一个禅者如实地写出了它对禅的观照，也因此可以让有心进入祖师禅的人在这里面找到一些参照。中国人讲“本立而道生”，当年就是因为有祖师禅的本，有关文化的禅才会结出丰硕的果实来，现在为什么大家没事就谈禅，却看不出它能创发出什么果实来，原因就在没有了本。

孙：我之所以老想说时代变了，就像其他领域我们总在问为什么大师不在，感慨，是一个意思。

林：每个时代确实气象不同，有的气象的确大，比较开阔，比如唐；而也许我们这个时代气象就是稀薄。再加上信息发达，生活多元，更使我们不容易在一个地方聚焦，这时就不容易有公认的大师。过去我们所公认的大师，在今天还能当得起大师吗？徐志摩放到今天，还会是大师吗？你今天读朱自清的散文，会觉得多好吗？

有时我们把一些人直接敬为大师，是因我们没有看到文化发展的内在轨迹所致。我举个例子，你读“青青河畔草”，当然觉得清新，但“青青河畔草”怎会有王维、李白的诗好呢？所谓这个时代没有大师，还必须从各个角度来看。

我们这个时代，已经不是能形成公认的时代了，这对个体生命当然有影响，但我也要提醒，不要仅以为，这个时代没有大师，所以老想到末法。禅最忌谈末法。

孙：我特别同意，这个时代形成公认很难，尤其在微博兴起之后。看书中的例子，我就设想，丹霞天然烧佛的例子放到现在，会有什么后果？这边丹霞在烧佛，那边有人拍了照片上传，估计还来不及领会他的意思，网上就炸了窝。碎片化时代，特别容易消解意义。

林：所以，为什么在这个时代，修行变得那么重要，因为你必须不被无限分割掉。即便在这个时代，你也要看到内在的口耳相传、口碑载道、仰慕景从的影响。重要的是让自己不要被消费掉。

孙：很难很难。

林：难的好处就是，可以更两刃相交。这个时代你还能保持清明，说明锻炼得够。一个人住乡下，要淳朴有多容易；在都市里打转的人，保持这个又有多难。

孙：最后谈一点，这本书是您众多禅书中最彰显您个人禅者风格的书，但真没想到它被引进出版，经历五年多的波折。这中间不仅是我，还包括因您的音乐美学论著《谛观有情》而跟您结缘的解玺璋等诸多朋友，都为出版这本书做过很多努力。而如今总算要和大陆读者见面了，您自己怎么看它这一路的艰难？

林：对解老师，我是特别有感于心的。他也是除你之外最早接触这本书的。

而因为种种缘故，这本书没有在他手上出版，也是作为老朋友的我的一个遗憾。当然，波折是外相，其实有一定的必然。本来，后世的禅都在绕路说禅，何况我们现在离它又远了。所以先从画先从诗入手，虽然有它的局限，也是必然的结果。

禅讲理事一如，《两刃相交》谈的就是理。理不是理论的理，而是原点，本体。《画禅》《千峰映月》，《一个禅者眼中的男女》，是谈事，事是这个理映现于诗、映现于画、映现于男女的种种。

孙：还有我们所作的对话《如实生活如是禅》，您说禅不只是生活智慧，但我们那本书副题就是：一个禅者的生活智慧。

林：没有禅这个原点，我们写不出《如实生活如是禅》，所以生活智慧当然可以是禅。但禅却绝对不只是生活智慧，生活智慧也只是它的映现而已。光读其他那几本书，可能会获益，但那获益也容易浮光掠影，在最关键处一略而过；或者从中的心得就只适用于这一件事，下一件事你又迷惘了。所以说，最根本还是这本书，我应对事情怎么会有这样一些说法，我怎么形成现在的生命风貌，都可以在这本书找到原点。

初版代后记

禅者如斯

看到林老师给《禅　两刃相交》这样的书名，心中大为痛快！当我们还在迷迷糊糊地禅来禅去时，让人冷冷地这样杀上一刀，倒也当下清醒不少。对不了解禅的我们而言，宗门行者的严厉或许正可以提醒我们：禅，不要当它是茶余饭后的休闲，“如实的观照”若在生命中全面挥洒开来，脚下是容不得半丝含糊的。

认识林老师快二十年了，了解他的修行面还是这后十年的事。当时我负责主编一个探讨两性议题的版面，有一回在报纸上看见他的一篇文字——世情与道缘，不禁拍案叫绝，在这篇文章里，他用了三个故事来谈“世情的难以割舍，往往也是入道的因缘”。其中一则讲的是近代禅门高僧虚云和尚，在离家云游五十年后，接获其出家妻子——清节尼一封情意绵绵的家书，虚云和尚面对世情、慈悲与修行之间，无法周全与两难的种种。

清节尼这时也是将近七十岁的人了，她在虚云和尚离家之后两年随婆婆出家，五十年的修行，一朝获知丈夫的讯息，仍满心企盼与丈夫见面，一了半生的遗憾。她这么写着："望断天边月，泪水泻满睛，我栖湘江上，竹痕已成斑；君必成大道，慧业日当新，昔时火宅侣，原是法城亲。"对清节尼这割舍不下的世情，林老师并未以修行人的习惯价值来评断清节尼的未得解脱，反而是用一种更开阔的胸襟来欣赏、接纳清节尼的真情挚意，他认为对清节尼而言，"世情与道缘之间，原也可以不必一定是'非彼即此'吧"。

然而，林老师并没有因为世情与道业的矛盾而卡住，相反地，这矛盾变成了修行的功课。同一故事中，虚云和尚也面临感情与修行的两难。这位得道高僧如何在此情境中出脱，林老师在文中并没有交代，但却问了三个非常严格的问题："他（指虚云）真的只是'只此一生清白业，更无余事记心田'？或者是心里对清节尼总难免有'为办大道，暂搁侣情'的一丝歉意呢？还是生起菩萨悲悯众生的心，来看待清节尼的未得解脱吧？"

第三问的智慧其实是来自第一、二问的不容回避，也在于不以世情微小而轻忽之的尊重态度。修行人的最后解脱，必须是在一种经得起严格检验的心安下完成。

当时，我在林老师的文章中看见的是，修行的林老师对世情上的照顾竟比一般人还周到，对于通篇所表现出来的"如实观照"并没有太深刻的体会。现在重看这一段，才更见到禅行者的如实对应。因为如实，所以世情不容回避，也因为如实，所以对清节尼没有论断，更因为如实，虚云和尚必不能回避这三个尖锐的处境，最后也因为"如实"，对当事者的做法与处理没有分别之心，因而也更无须结论或给予标准答案。

这样的如实，后来在林老师的禅修课堂上也见识不少。有一回他提到开车时突发心绞痛，自己面对死亡时的种种。林老师这样结论：“我很珍惜这次的经验，如果那个时候走了，我应该还可以坦然放下，但是回过头来我又不禁问自己，如果今天是在街上被不良少年械斗飞来的刀子插死，我还能如此坦然吗？答案显然不行，所以说，哈哈，林谷芳，你还是有放不下的啊！”

还有一回，他提到曾有几位特异功能人士说看见他身上放光，正当大家一片稀奇之声时，林老师笑笑地补上一句：“放光归放光，被老婆骂时，还不是凡夫一个。”这个注脚，让众人愣了一下，接着大笑，我想林老师要说的是，对一个行者来说，“烦恼还在否”才是一个行者重要的核心观照，放光不放光均属余事。

这就是林老师的如实——始终知道自己在哪里！

周本骥 2005 年

三版后记

《禅　两刃相交》是我第一本出版的禅书，但虽是第一本，却以禅家数十载之锻炼阅历，而有总赅曹溪意旨、直击宗门虚实之意。以是，其后尽管又有自公案、诗、画、茶、生活、知见、男女而出之禅籍，但本书之作为禅修行基底观照的角色仍在，而许多有缘也确因它乃于宗门相契、于生命转身。

除问答录外，此书相较我其他著作，则如过去禅家接机般，话语多出平常，所以如此，正应于芙蓉道楷与投子义青的问答：

东京天宁芙蓉道楷禅师，参投子，问："祖师言句如家常饭，离此之外，别有为人处否？"

投子曰："汝道寰中天子敕，还假尧舜禹汤也无？"

此书之写，原不假前贤，正一一自胸臆中流出，其间种种，尤须有缘者会之。

是为记！

图书在版编目（CIP）数据

禅 两刃相交 / 林谷芳著 . -- 桂林：漓江出版社，2018.10
ISBN 978-7-5407-8171-2
Ⅰ . ①禅… Ⅱ . ①林… Ⅲ . ①禅宗－通俗读物 Ⅳ .B946.5-49

中国版本图书馆 CIP 数据核字 (2018) 第 216038 号

禅 两刃相交（Chan Liangren Xiangjiao）

作　者　林谷芳

出 版 人　刘迪才
出 品 人　符红霞
策划编辑　符红霞
责任编辑　符红霞
助理编辑　谷　磊　赵卫平
营销编辑　郭　玥
装帧设计　73 号工作室
责任校对　王成成
责任监印　周　萍

出版发行：漓江出版社
社　　址：广西桂林市南环路 22 号
邮　　编：541002
发行电话：010-85893190　0773-2583322
传　　真：010-85890807-814　0773-2582200
电子邮箱：ljcbs@163.com
　　　　　http://www.lijiangbook.com
印　　制：北京大运河印刷有限公司
开　　本：710 × 1000　1/16　印　张：13　字　数：150 千字
版　　次：2018 年 10 月第 1 版　印　次：2018 年 10 月第 1 次印刷
书　　号：ISBN 978-7-5407-8171-2
定　　价：58.00 元